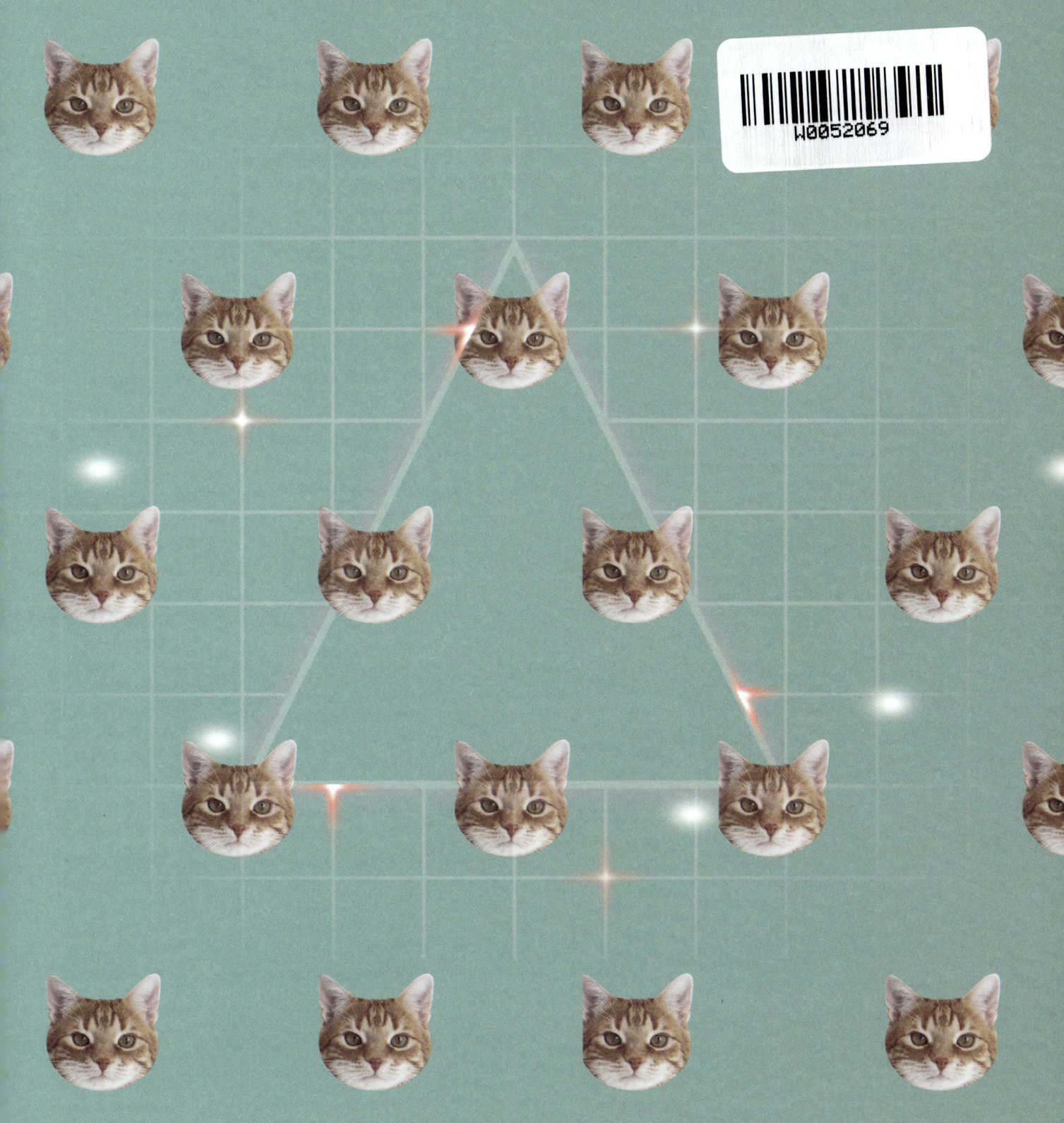

funnypilgrim

YUMMYKITCHEN

FUNNYPILGRIM

Yummy Kitchen

LECKER

EINFACH

VEGGIE

Community
EDITIONS

*Für Souheil – meinen Partner an meiner Seite,
der mir vertraut, mich unterstützt und immer an
mich glaubt. Ohne dich wäre ich nichts.*

EINLEITUNG

Ich habe nicht nur sehr, sehr viele, sondern auch sehr unterschiedliche Vorlieben und Interessen. Doch gutes Essen ist definitiv meine größte Leidenschaft! Einen wichtigen Grundstein dafür haben mein Vater und vor allem meine Mutter gelegt. Während mein Papa ein echter Feinschmecker ist, war es für meine Mama als leidenschaftliche Köchin immer selbstverständlich, alles frisch und selbst zuzubereiten. Erst heute weiß ich, wie viel Arbeit das bedeutet.

Auf unseren zahlreichen Reisen hat sie viele kulinarische Entdeckungen gemacht, die sie für meinen Papa und mich in der heimischen Küche nachkochte. Täglich überraschte sie uns mit Gerichten aus aller Welt – darunter natürlich auch Spezialitäten aus ihrer Heimat, den Philippinen. Dies hat meinen Geschmack, meine Offenheit und meine Begeisterung für die internationale Küche sehr und vor allem nachhaltig geprägt.

Als Tochter einer berufstätigen Mutter war ich ein Schlüsselkind: Häufig war ich daher nach Schulschluss alleine zu Hause und probierte gerne alles Mögliche in der Küche aus. Einiges ging natürlich voll daneben. Aber ich lernte beispielsweise schnell, dass man angebranntes Öl keinesfalls mit Wasser löschen sollte. Ups! Aus Fehlern wird man eben klug. Und das Wichtigste dabei ist doch, es auszuprobieren, nicht aufzugeben und immer weiterzumachen.

Learning by Doing ist und bleibt auch mein Lebensmotto – schließlich habe ich das Kochen nicht professionell gelernt. Trotzdem haben mich mein Hobby und meine Kochleidenschaft dazu ermutigt, meine Videos und Rezepte auch auf YouTube hochzuladen. Wer meinen Lifestyle-Kanal funnypilgrim oder meinen Kochkanal yummypilgrim kennt, weiß: Ich bin ein absoluter Foodie und beobachte alles rund ums Essen mit einer ungebremsten Neugier. Und es gibt so viel zu entdecken! Ich muss einfach immer neue Rezepte oder Restaurants ausprobieren – und teile meine Erfahrungen gerne mit meinen Zuschauern.

Ich gebe alles für meine Videos und fülle sie mit all meiner Kreativität, Liebe und Authentizität. Ich liebe, was ich tue! Und an eines glaube ich fest: Wenn man für etwas wirklich brennt, steckt das auch andere an – und meine Zuschauer spüren das in meinen Videos. Ich hoffe sehr, dass dieses positive Gefühl auch in meinem Kochbuch rüberkommt und jede einzelne Leserin und jeden einzelnen Leser erreicht.

Vor allem mit Blick auf meinen YouTube-Background war es mir sehr wichtig, meinem allerersten Buch unbedingt meine persönliche Note zu geben. Was erzähl ich da? Es ist nicht nur eine persönliche Note, denn hier ist alles selbst gemacht! Von der Coveridee über das Layout (ja, ich bin ein mega 80er-Jahre-Fan) und die Food-Fotos bis hin zu den Rezepten: alles selfmade! Darauf bin ich überirdisch stolz. Alle Rezepte habe ich allein gekocht, das Food selbst gestylt und fotografiert! Ok, das stimmt nicht ganz, denn meine geliebte Mama und mein Freund haben mich tatkräftig dabei unterstützt. Danke!

Es ist vielleicht nicht alles perfekt, aber genau das macht es für mich wiederum perfekt. Außerdem könnt ihr euch daher sicher sein: Dieses Buch ist zu 100 % Mira.

Was euch in diesem Kochbuch erwartet, ist eine Zeitreise in meine Kindheit, Klassiker mit neuem Twist, schnelle und kreative Rezepte und ganz viel Gemüseliebe. Ich widme mich nämlich vollständig der vegetarischen Küche, die natürlich nicht nur gesund, sondern auch extrem vielseitig ist.

Meine philippinischen Wurzeln, Urlaube auf der ganzen Welt und das Faible meines Vaters für die französische Küche: Das alles zusammen ist ein herrlich bunter Mix – genau wie die Rezepte in diesem Buch und wie ich :)

Mira

Wenn ihr ein paar Begriffe nicht kennt, guckt im Glossar auf S. 154

INHALT

VEGGIE LOVE

YUMMY FAVORITES

YUMMY QUICKIES

Throwback

Meine Leidenschaft fürs Essen scheint angeboren zu sein:
Meine Mama erzählt immer, ich habe als Kind gerne gegessen und immer
einen Nachschlag verlangt. Das zeigt eindeutig: Manches ändert
sich wohl nie ;-)
Außerdem habe ich schon früh – immer ganz interessiert – meine Mama
in der Küche beim Zubereiten der unterschiedlichsten Köstlichkeiten
beobachtet. Auf diese Weise habe ich von meinem Kochvorbild viel gelernt.
Später habe ich ihr auch gerne beim Kochen geholfen.
Ich möchte euch im folgenden Kapitel mitnehmen auf eine kleine
Zeitreise – eine Reise zurück in meine Kindheit, eine Reise zu meinen
Lieblingsgerichten von damals. Also: Back to my roots! Gutes Essen bleibt
nachhaltig in Erinnerung – und besonders das Essen, das man in den
Kindertagen als normal oder außergewöhnlich empfindet, prägt den
Geschmack und die Sinne.
Diese Lieblingsrezepte aus meiner Vergangenheit habe ich mit
Entdeckungen aus der Gegenwart kombiniert und ihnen
so einen kulinarischen Feinschliff
verliehen.

Der beste Therapeut hat Fell und vier Beine.

ARTISCHOCKE

MIT PICKLED MAYO

Die Artischocke – ich liebte diese Frucht bereits als Kind und ich liebe sie noch immer.
Frisch zubereitet, wie sie meine Mama früher immer gemacht hat, das war für mich immer etwas Besonderes.
Alleine das Aufblättern, um dann zu dem für mich als Kind damals sehr interessanten, haarigen Teil zu gelangen …
um das leckere Herz freizulegen. Es war ein Fest!
Bei diesem Rezept verbinde ich einen geliebten Klassiker meiner Kindheit mit einem Gericht, das ich so ähnlich
neulich in Amsterdam gegessen habe. Dabei wurde mir wieder klar, welche Emotionen Essen bei uns auslösen
kann …

ZUTATEN:

Für die Artischocken:
4 Artischocken
1 unbehandelte Zitrone

Für die Pickled Mayo:
220 g Rapsöl
120 ml Sojamilch
2 TL Apfelessig
1 TL Dijonsenf
2 EL Gurkenrelish
grobes Meersalz

Zeit: 50 Minuten

Pro Portion ca. 506 kcal /
2.118 kJ, F 52 g, E 3 g,
KH 4 g

*Tipp: Etwas Knoblauch
verleiht extra Würze*

ZUBEREITUNG:

Die Artischocken unter fließend kaltem Wasser abwaschen. Den Stiel
abbrechen oder abschneiden. Danach die äußeren Blätter und die Spitze
der Artischocke mit einer Schere abschneiden. Die Zitrone heiß waschen,
halbieren, den Saft auspressen und anschließend die Frucht in Scheiben
schneiden. Wichtig: Alle Schnittstellen der Artischocke zügig mit Zitronensaft
beträufeln, da sie sich sonst verfärben. Aus diesem Grund kommen auch die
Zitronenscheiben zusammen mit dem Rest des Zitronensafts in das gesal-
zene Kochwasser. Die Artischocken 30–40 Minuten kochen. Artischocken mit
grobem Meersalz würzen. Die Artischocken sind fertig gegart, wenn sich die
Blätter leicht herauszupfen lassen.

Für die Pickled Mayo alle Zutaten außer dem Relish in einem Mixer oder mit
einem Stabmixer so lange mixen, bis eine sämige Masse entstanden ist. Mit
Salz abschmecken. Wenn die Mayo zu dick ist, einfach mit etwas Sojamilch
verdünnen. Wenn sie zu dünn sein sollte, etwas Öl dazugeben und weiter-
mixen. Zum Schluss das Relish unterrühren und die Mayo zu den Artischocken
servieren. Beim »Aufblättern« der Artischocken daran denken, dass das Heu
unter den Artischockenherzen nicht essbar ist.

Und wo bleibt mein
3-Gänge-Menü?

AVOCADO
MIT KICHERERBSENSALAT

Ich kann mich noch sehr gut daran erinnern, wie meine Mama uns früher aufgeschnittene Avocados mit einem Krabbensalat zubereitet hat. Diese Köstlichkeit gab es meistens als Vorspeise – meine Mama machte sich nämlich gerne die Mühe, uns mit einem 3-Gänge-Menü zu überraschen. Vielleicht war dies sogar das erste Avocadogericht, das ich gegessen habe. Avocados waren zu meiner Kinderzeit auch noch nicht wirklich sehr verbreitet. Das klingt fast so, als wäre ich schon steinalt, aber so war es eben. Erst neulich erzählte mir meine Mama, die ja von den Philippinen stammt, dass man dort Avocados eher süß zubereitet – mit Milch und Zucker.
Bei diesem Rezept ist das Besondere aber eher das Zusammenspiel aus cremig und säuerlich. Außerdem bietet meine Variante einen schönen Kontrast, was den Biss angeht, denn die cremige Avocado überrascht mit einer knackig-frischen Füllung.

ZUTATEN :

Für 4 Portionen:
220 g gekochte Kichererbsen
2 Stangen Sellerie
1 Frühlingszwiebel
2 EL frischer Koriander
4 EL vegane Mayonnaise
(siehe Rezept »Artischocke
mit Pickled Mayo«)
1 TL Cumin
1 TL edelsüßes Paprikapulver
1/2 TL Salz
Pfeffer
1 TL Zitronensaft
2 Avocados

Zeit: 15 Minuten

Pro Portion ca. 311 kcal /
1303 kJ, F 23 g, E 7 g, KH 15 g

ZUBEREITUNG:

Die gekochten Kichererbsen mit Wasser abbrausen, in einem Sieb abtropfen lassen und in einem Mixer grob pürieren. Es können ruhig einige größere Stücke in der pürierten Masse sein.

Die Selleriestangen und Frühlingszwiebel waschen, putzen und fein würfeln. Den Koriander waschen, trocken schütteln und fein hacken. Kichererbsen, Sellerie, Frühlingszwiebel und Koriander in eine Schüssel geben und mit der Mayonnaise vermengen. Das Cumin und das Paprikapulver dazugeben und mit Salz, Pfeffer und Zitronensaft abschmecken. Die Avocados halbieren, den Kern entfernen, mit dem Kichererbsensalat füllen und servieren.

Tipp: Der Salat hält sich einige Tage im Kühlschrank und schmeckt dann noch besser. Auf krossem Brot oder zu Chips schmeckt er auch ganz toll!

Wer Probleme mit dem Kreislauf hat, sollte mal geradeaus laufen!

BANANA BREAD

Als ich klein war, hat meine Mama eher selten gebacken.

Dennoch gehörten wunderbare philippinische Süßspeisen zu ihrem Repertoire – und eine davon war das Banana Bread. Trotz des Namens ist es vielmehr ein Kuchen. Eigenartigerweise mochte ich es als Kind so gar nicht! Es lag nicht am Geschmack, sondern eher daran, dass es ungewöhnlich, schon fast zu exotisch war.

Ich erinnere mich an einen Tag während meiner Schulzeit, es war ein Schulfest, und jeder sollte Kuchen mitbringen. Zugegeben, besonders schön ist das Banana Bread nicht, vor allem im Vergleich zu den anderen Kuchen. Jeder, der daran vorbeiging, um sich ein Stück aus der riesigen Kuchenauswahl auszusuchen, stand erst mal verdutzt vor unserem Banana Bread. Naserümpfend fragten alle, was das sei. Ich schämte mich. Es gab Zeiten, da fühlte ich mich auch wie ein Bananenbrot. Das war früher ... jetzt liebe ich es! Es geht so einfach und ist ein tolles Rezept, um überreife Bananen zu verwenden, denn sie verleihen dem Kuchen erst das Aroma und die Süße.

ZUTATEN:

Für eine Kastenform:
3–4 reife Bananen
120 g brauner Zucker
125 ml Pflanzenöl
(z. B. Kokosöl)
1 TL Vanilleextrakt
1 TL Zimt
1 Prise Salz
180 g Vollkornmehl
1 TL Natron
1 TL Backpulver
30 g Pekannusskerne

Außerdem:
Fett für die Form
1 Kastenform

Zeit: ca. 60 Minuten

ZUBEREITUNG:

Den Ofen auf 180 °C Ober-/Unterhitze vorheizen. Die Kastenform fetten.

Die Bananen mit einer Gabel zerdrücken. Für mehr Textur größere Stückchen in der Masse belassen. Zucker, Öl, Vanilleextrakt, Zimt und Salz dazugeben und gut vermengen. Mehl, Natron und Backpulver darübersieben und alles zügig zu einem Teig vermengen, bis das Mehl gut eingearbeitet ist.
Wichtig: nicht mixen!

Den Teig in die Kastenform geben und die Pekannusskerne darüber verteilen. Im vorgeheizten Backofen 30–40 Minuten backen. Abkühlen lassen und am besten noch warm servieren.

Tipp: Als Muffins gebacken sind sie ein toller Snack für den kleinen Appetit zwischendurch.

Pro Stück ca. 235 kcal / 984 kJ, F 13 g, E 3 g, KH 27 g

Aber bitte erst schmusen.

CHOP SUEY

Meine liebe Oma hat für mich früher ganz häufig dieses Gemüsegericht gekocht.

Genuss pur: Knackig, frisch und einfach lecker! Und ist in Windeseile zubereitet.

Jede Gabel, die ich davon esse, erinnert mich an meine Kindheit und die Zeit, die ich mit meiner Oma verbracht habe. Für mich sind die Zubereitung und der Genuss dieses Gerichts daher wie eine Reise in meine Vergangenheit.

ZUTATEN :

Für 4 Portionen:
1 Zwiebel
2 Knoblauchzehen
1 Chayote oder Kohlrabi
1/2 rote Paprika
1/2 Weißkohl
1/2 Blumenkohl
1 große Karotte
100 g Zuckerschoten
200 g Champignons
Salz
3 EL Sojasoße
Pfeffer
1 EL Maisstärke

Außerdem:
1 EL Pflanzenöl zum Dünsten

Zeit: ca. 15-20 Minuten

GESAMT ca. 630 kcal/2.636 kJ,
F 14 g, E 32 g, KH 82 g

ZUBEREITUNG:

Die Zwiebel schälen und in kleine Würfel schneiden, den Knoblauch ebenfalls schälen und zerdrücken. Die Chayote oder den Kohlrabi und die Paprikaschote waschen, putzen, evtl. schälen und grob würfeln. Den Weißkohl und den Blumenkohl in größere Stücke schneiden und kurz abwaschen. Die Karotte schälen, putzen und in dicke Scheiben schneiden. Die Zuckerschoten waschen und putzen. Die Champignons abbürsten, putzen und halbieren.

Das Öl in einer heißen Pfanne erhitzen. Die Zwiebeln glasig dünsten. Den Knoblauch dazugeben, kurz mit anbraten, dann Blumenkohl und Chayote hinzugeben, mit Salz würzen und ca. 2 Minuten braten. Das restliche Gemüse, außer dem Weißkohl, dazugeben, mit 180 ml Wasser ablöschen und mit Sojasoße würzen. Abgedeckt ca. 2 Minuten köcheln, bis das Gemüse bissfest ist. Zum Schluss den Weißkohl dazugeben, umrühren und mit Salz und Pfeffer abschmecken. Die Maisstärke mit etwas Wasser anrühren, dazugeben und einmal aufkochen lassen.

Tipp: Tofuwürfel dazu machen sich ausgezeichnet. Mit oder ohne Tofu – einfach mit Reis servieren und genießen.

CHOCOLATE CHUNK
COOKIES

Chocolate-Chunk-Cookies sind für mich fest mit meinem Lieblingsonkel Onkel Bob in Amerika verbunden.
Er hat sie immer für meinen Cousin und mich ganz frisch gebacken. Ich weiß es noch genau: Wir konnten es kaum erwarten, uns endlich auf die warmen Cookies zu stürzen. Was gibt es Besseres?
Ich mache meine Cookies gerne mit einer Tafel Schokolade, denn so kann ich die qualitativ beste Schokolade auswählen und diese in unterschiedlich große Stücke zerkleinern – richtige chunks. Ich liebe es, in diese Cookies zu beißen und die Schokolade auf der Zunge zergehen zu lassen.

ZUTATEN:

Für ca. 40 Stück:
200 g Zartbitterschokolade
225 g vegane Butter (zimmerwarm)
100 g Zucker
100 g brauner Zucker
1 TL Vanilleextrakt
310 g Mehl
1 TL Natron
1/2 TL Salz
1 TL Zimt

Außerdem:
Backpapier
1 Backblech

Zeit: ca. 40 Minuten

Pro Stück ca. 109 kcal/454 kJ,
F 6 g, E 1 g, KH 13 g

ZUBEREITUNG:

Den Ofen auf 180 °C Ober-/Unterhitze vorheizen.
Die Schokolade mit einem scharfen Messer in kleine Stücke zerkleinern. In einer großen Schüssel die zimmerwarme Butter und den Zucker mit einem Handmixer cremig rühren. Den Vanilleextrakt hinzugeben und verrühren.

In einer anderen Schüssel Mehl, Natron, Salz und Zimt verrühren und zu der Butter-Zucker-Masse geben. Mit einem Löffel alles zügig vermengen, bis das Mehl gut eingearbeitet ist. Zum Schluss die Schokostückchen unterrühren.

1 EL Teig mit der Hand in Bällchen formen, mit etwas Abstand auf ein mit Backpapier ausgelegtes Backblech geben und flachdrücken. Falls sich der Teig nicht gut rollen lässt, etwas mehr Mehl einarbeiten.

Die Cookies im vorgeheizten Backofen 8–10 Minuten backen: Am Rand sollte sich eine goldbraune Kruste gebildet haben. Herausnehmen und abkühlen lassen.

Tipp: Schmecken toll in Mandelmilch gedippt. Statt Schokostückchen kann man auch Nüsse, Trockenobst oder Schokolinsen mitbacken. Der Fantasie sind keine Grenzen gesetzt!

BANANEN LUMPIA

MIT SALTED CARAMEL

Auf den Philippinen ist Bananen-Lumpia (oder auch Turon, wie es dort heißt) ein beliebter Snack, der vor allem auf der Straße oder am Strand verkauft wird. Meine Oma hat für mich natürlich immer noch die allerbesten gemacht.

Inspiriert von dieser Köstlichkeit habe ich es mit einer salzigen Karamellsoße gepaart – ein super Dessert! So kann man philippinisches Streetfood ganz einfach zu Hause zaubern und es als Soulfood genießen!

ZUTATEN :

Für 4 Portionen:
150 g brauner Zucker
200 ml Kokosmilch
1/2 TL Salz
3 große Bananen
12 Platten Frühlings-
rollenteig (TK)

Außerdem:
Kokosöl zum Ausbacken
grobes Meersalz zum
Bestreuen

Zeit: ca. 30 Minuten

Pro Portion ca. 517 kcal/
721 kJ, F 8 g, E 1 g, KH 23 g

ZUBEREITUNG:

In einem beschichteten Topf den Zucker karamellisieren. Mit der Kokosmilch ablöschen und unter Rühren ca. 10 Minuten zu einem Karamell einkochen. Anschließend das Salz unterrühren.

Die Bananen längs halbieren und dann durch die Mitte schneiden. Ein Bananenstück auf eine Teigplatte geben und einrollen, dabei die Seiten einschlagen und die Ränder mit etwas Wasser bestreichen und fest andrücken. Die Röllchen in erhitztem Kokosöl goldbraun ausbacken, mit grobem Meersalz bestreuen und mit der Karamellsoße servieren.

Tipp: Wer es noch süßer mag, kann vorher den Teig mit einer Schicht Nussmus oder Nussnougat-creme bestreichen und anschließend erst mit der Banane belegen. Alternativ zur Banane schmeckt auch Mango oder Süßkartoffel.

Folgst du Mira schon auf Instagram? @funnypilgrim

GRATINIERTE

CHAMPIGNONS

Dieses Rezept – oder eher ein ähnliches, denn meine Mama hat es früher immer mit Schnecken gemacht – ist für mich die perfekte Vorspeise. Mit Champignons funktioniert es aber auch toll: Selbst wer keine Champignons mag, wird dieses Rezept lieben. Diese besondere Kombination aus Petersilie und Knoblauch zusammen mit den knusprigen Vollkornbröseln macht Lust auf mehr ...

ZUTATEN :

Für 4 Portionen:
400 g Champignons
2 Knoblauchzehen
50 g Margarine
4 EL frisch gehackte
Petersilie
6 EL Vollkornbrösel
Salz
Pfeffer
1 EL Olivenöl

Außerdem:
Backpapier
Backblech

Zeit: ca. 30 Minuten

Pro Portion ca. 181 kcal/
758 kJ, F 13 g, E 5 g, KH 11 g

ZUBEREITUNG:

Den Ofen auf 180 °C Ober-/Unterhitze vorheizen.
Die Champignons säubern, putzen und die Stiele entfernen. Die Pilze auf ein mit Backpapier ausgelegtes Backblech legen.

Die Knoblauchzehen schälen und klein schneiden. In einer Schüssel Margarine, frisch gehackte Petersilie, klein geschnittenen Knoblauch und Vollkornbrösel glatt rühren. Mit Salz und Pfeffer abschmecken und je etwa einen halben Teelöffel der Masse in die Pilze füllen. Mit Olivenöl beträufeln und im vorgeheizten Backofen 20 Minuten gratinieren.

Tipp: Die gratinierten Champignons eignen sich nicht nur toll als Vorspeise. Sie sind auch eine leckere Beilage beispielsweise zu einem BBQ.

Füttert mich und niemandem passiert etwas!

Wenn ich du wäre,
wäre ich gerne ich.

SPAGHETTI
MIT VEGGIE-BÄLLCHEN

Als Kind war mein Lieblingsessen natürlich Spaghetti Bolognese.
Meine Mama hat bei Zubereitung der wundervollen Soße, die ihr mit einer unvergleichlichen Perfektion gelang, Stunden in der Küche verbracht. Schon mit 3 Jahren habe ich ihr gerne dabei zugesehen und ihr – so gut ich konnte – geholfen. Meine Spaghetti mit Veggie-Bällchen wecken Kindheitserinnerungen und schmecken herrlich!

ZUTATEN :

Für 4 Portionen:
Für die Tomatensoße:
1 EL Olivenöl
2 Knoblauchzehen
700 g Passata
Salz
Pfeffer
1 Handvoll frisch gezupftes
Basilikum.

Für die Veggie-Bällchen:
1 EL Olivenöl
1 große Aubergine
1 Zwiebel
100 g Mandeln
3 Knoblauchzehen
1 Handvoll frisch gehackte
Petersilie
1 EL Zitronensaft
40 g Panko-Mehl
500 g Spaghetti

Zeit: ca. 50–60 Minuten

ZUBEREITUNG:

Für die Tomatensoße 1 EL Olivenöl in einem Topf erhitzen. Die Knoblauchzehen schälen, in dünne Scheiben schneiden und nur kurz anrösten. Mit der Passata aufgießen und 20 Minuten köcheln lassen. Mit Salz und Pfeffer abschmecken, beiseitestellen.

Für die Veggie-Bällchen 1 EL Olivenöl in einer Pfanne erhitzen. Die Aubergine waschen, putzen und in kleine Würfel schneiden. Die Zwiebeln schälen und ebenfalls würfeln. Beides mit den Mandeln in der Pfanne bei mittlerer Hitze braten, bis das Gemüse etwas braun, aber noch nicht ganz gar ist. Den Knoblauch schälen, klein schneiden, dazugeben und kurz anrösten. Zusammen mit Petersilie, Zitronensaft, restlichem Olivenöl und Panko-Mehl in einen Mixer geben und zu einem Brei pürieren. Die Masse 30 Minuten kalt stellen.
Die Spaghetti nach Packungsanleitung al dente kochen.
Jeweils 1/2 Teelöffel der Masse zu einem Bällchen formen und in etwas Öl bei mittlerer Hitze gleichmäßig von allen Seiten goldbraun braten. Die fertigen Bällchen in die Tomatensoße legen und kurz ziehen lassen. Vor dem Servieren frisches Basilikum unterrühren und mit den gekochten Spaghetti servieren.

Tipp: Die Soße schmeckt am nächsten Tag noch besser!

Pro Portion ca. 818 kcal / 3.424 kJ, F 28 g, E 28 g, KH 109 g

Katzen fallen IMMER auf ihre Pfoten.

VEGETARISCHE Krautwickel

Als Kind habe ich sie ganz klassisch gegessen, aber schon damals mochte ich das Krautblatt und die Soße viel lieber als die Füllung. Darum mache ich sie jetzt einfach komplett veggie! Nichts ist gemütlicher, als es sich bei Regenwetter zu Hause gemütlich zu machen und Feelgood Food zu essen. Für mich sind das diese Krautwickel! Ich liebe Kraut, ganz egal, wie zubereitet. Als Rouladen mit einer leckeren Füllung mit Bratensoße zu Kartoffeln ... mmmh ... mehr braucht es gar nicht, um mich glücklich zu machen. Also wenn das Wetter mal wieder ungemütlich ist, schenkt euch dieses Rezept definitiv das Gefühl von Glück und Gemütlichkeit.

ZUTATEN :

Für 4-6 Portionen:
8 ganze Blätter Weißkohl
1 Zwiebel
1 Knoblauchzehe
150 g gegarte Linsen
250 g gegarter Naturreis
2 TL edelsüßes Paprikapulver
1/4 TL Muskat
2 EL frisch gehackte Petersilie
2 TL Salz
Pfeffer
1 Spritzer Zitronensaft
200 ml Gemüsebrühe

Außerdem:
etwas Öl zum Anbraten
1 EL Stärke zum Binden der Soße

Zeit: ca. 30 Minuten

ZUBEREITUNG:

Die Weißkohlblätter kurz blanchieren. Die Zwiebel schälen und fein würfeln, den Knoblauch schälen und klein hacken. In einer Pfanne die Zwiebeln glasig dünsten, den Knoblauch dazugeben.

In einer Schüssel die gegarten Linsen und den gegarten Naturreis mit Zwiebeln, Knoblauch, Gewürzen und Petersilie gut vermengen. Mit Salz, Pfeffer und Zitronensaft abschmecken. Jeweils 2 EL der Linsen-Reis-Mischung auf ein Weißkohlblatt geben, die Seiten einschlagen und einwickeln. Die Rouladen in einer Pfanne von allen Seiten vorsichtig bräunen, mit der Gemüsebrühe ablöschen und abgedeckt bei kleiner Hitze ca. 10 Minuten schmoren. Bei Bedarf die Soße mit etwas Stärke binden.

Tipp: Mit meiner »besten Bratensoße« und zu Stampfkartoffeln einfach ein Traum.

GESAMT ca. 1.724 kcal/7.217 kJ, F 38 g, E 66 g, KH 271 g

Sie nennt mich manchmal Peach Pie.

REISKUCHEN
MIT MANGO

Jedes Jahr zu meinem Geburtstag habe ich ihn mir von meiner Mama gewünscht – diesen Reiskuchen.
Und das aus gutem Grund: Klebreis mit Kokosmilch und gutem braunen Zucker ergibt einfach diesen überirdisch köstlichen Geschmack. Wenn ihr den nicht kennt, habt ihr etwas verpasst.
Ich habe das Rezept etwas mit Ingwer verfeinert – dieses Aroma passt ganz vorzüglich dazu. Probiert es aus!

ZUTATEN :

Für 4-6 Portionen:
200 g Klebreis
1 daumengroßes Stück Ingwer
400 g Kokosmilch
5 EL brauner Zucker
1 TL Salz

Außerdem:
1 Mango

Zeit: ca. 40 Minuten

GESAMT ca. 1.715 kcal /
7.179 kJ, F 73 g, E 22 g,
KH 240 g

ZUBEREITUNG:

Den Klebreis waschen, in einem Sieb abtropfen lassen, in einen Topf mit 200 ml Wasser geben und einmal aufkochen. Auf kleiner Hitze weiterköcheln, bis der Reis bissfest und das Wasser verdunstet ist. Das dauert ungefähr 7–10 Minuten.

Den Ingwer schälen und in dünne Scheiben schneiden. In einer beschichteten Pfanne Kokosmilch, Ingwerscheiben, Zucker und Salz aufkochen und rühren, bis der Zucker sich komplett aufgelöst hat. 10 Minuten bei kleiner Hitze ziehen lassen, dann etwa 150 ml der Flüssigkeit in eine kleine Schüssel geben. Diese wird später als Soße verwendet. Die Ingwerscheiben herausnehmen, dann den Klebreis in den Topf geben und alles gut vermengen, bis der Reis die ganze Flüssigkeit aufgenommen hat.

Die Mango schälen, das Fruchtfleisch vom Kern lösen und in kleine Stückchen schneiden. Den Reis warm mit frischer Mango und der Soße servieren. Alternativ in eine Auflaufform geben, mit der Soße übergießen und 10–15 Minuten bei 200 °C backen, auskühlen lassen und in Stücke schneiden.

Tipp: Ich verwende für diesen Kuchen möglichst Muscovado-Zucker. Das schmeckt am allerbesten!

10 KÜCHEN-HACKS

1. Wenn nur einige Tropfen Zitronensaft gebraucht werden: Einfach einen Spieß in die Zitrone hineinstechen und den benötigten Saft rauspressen, anstatt die Zitrone zu halbieren und zu pressen. So trocknet sie nicht aus.

2. Um schlaff gewordenes Gemüse wie Salat, Karotten, Sellerie usw. wieder knackig zu bekommen, diese einfach für einige Sekunden in Eiswasser legen.

3. Obst schneller reifen lassen: Dafür das entsprechende Obst zusammen mit einem Apfel in eine Papiertüte legen. Äpfel strömen das Gas Ethylen in besonders hohen Konzentrationen aus und regen dadurch andere Früchte zum vorzeitigen Reifen an.

4. Pancakes oder Waffeln einfach portionsweise einfrieren und bei Bedarf im Toaster aufwärmen und genießen.

5. Kalt gewordenen Kaffee nicht entsorgen, sondern lieber in einer Eiswürfelform einfrieren. Später die Kaffee-Eiswürfel einfach in etwas Milch geben und so einen leckeren Eiskaffee zaubern. So hat man eiskalte Erfrischung und köstlichen Genuss in einem.

6. Übrig gebliebene Pasta im Gefrierbeutel oder in einer Tupperdose aufheben und bei Bedarf kurz im Wasserbad erwärmen.

7. Gleich große Muffins gelingen am besten mithilfe eines Eisportionierers.

8. Keinen passenden Deckel für den Topf? Nehmt einfach Alufolie!

9. Pilze nicht waschen, denn so saugen sie sich nur unnötig mit Wasser voll. Lieber mit einer Bürste den Schmutz abbürsten.

10. Wenn das Schneidebrett nach Zwiebeln müffelt, einfach mit Salz und Zitronensaft einreiben, abspülen und danach etwas einölen – wie neu!

Rise and Shine

Lange galt das Frühstück als die wichtigste Mahlzeit des Tages.
Zugegeben: Es ist eindeutig nicht meine liebste Mahlzeit, aber ich
halte sie dennoch für wichtig. Schließlich liefert das Essen, was ich meinem
Körper morgens zuführe, die notwendige Energie, um den Tag zu beginnen.
Deshalb gehe ich niemals ohne Frühstück aus dem Haus. Mit dem
Frühstück versuche ich, meinem Tag einen schönen Start zu geben.
Und »schön« heißt bei mir immer genussvoll. Das ist euch bestimmt klar …
Geschmacklich kann mein Tagesstart ganz unterschiedlich ausfallen:
Mal habe ich Lust auf mein Lieblingsmüsli, mal auf himmlisch duftende
gesunde Pancakes. Wenn ein Tag es besonders gut mit mir meint und mir
die Chance gibt, sehr gemütlich und smooth – ohne jegliche Hektik –
zu starten, dann genieße ich köstliche French Toast Bites oder
frische Waffeln. Schlemmen am frühen Morgen macht einfach
jeden Tag zu einem Festtag!

APPLE PIE
OVERNIGHT OATS

Overnight Oats sind eine willkommene und leckere Abwechslung zum üblichen morgendlichen Müsli.
Und dieses Frühstück ist so einfach zuzubereiten! Was aber meint der Begriff »Overnight Oats«? Bei diesem Frühstückstrend handelt es sich im Grunde genommen um Haferflocken, die über Nacht in Flüssigkeit eingeweicht werden. Das Tolle daran ist: Ihr könnt dieses Frühstück abends vorbereiten. Während ihr selig in euren Betten schlummert, macht sich euer Frühstück im Kühlschrank von selbst. So habt ihr nach dem Aufstehen am nächsten Tag mehr Zeit und könnt entspannt in den Tag starten.

Selbst wenn es morgens mal schnell gehen muss und ihr bei eurer Morgenroutine auf jede Minute achten müsst ... dank Overnights Oats müsst ihr nicht aufs Frühstück verzichten. Es gibt also keine Ausreden mehr, was die erste und grundlegende Mahlzeit des Tages angeht. Die ist ja sehr wichtig, um den Stoffwechsel anzukurbeln. Außerdem geben euch die Overnight Oats ausreichend Energie für einen guten Tagesstart. Das heißt: Trotz aller Eile am frühen Morgen startet ihr mit einem gesunden Frühstück in einen hoffentlich aufregenden Tag. Das hört sich doch klasse an, oder?

Mein absoluter Favorit ist diese Apple-Pie-Variante, weil sie wirklich an Apfelkuchen erinnert.

ZUTATEN :

Für 4 Portionen:
1 großer Apfel
150 g kernige Haferflocken
etwas Zitronensaft
1 TL Zimt
1 Prise Salz
1 EL Ahornsirup
300 ml Mandelmilch
1 TL Vanilleextrakt

Außerdem:
1 Einmachglas mit Schraubverschluss

ZUBEREITUNG:

Den Apfel waschen, putzen und klein würfeln. Mit den restlichen Zutaten mischen und in ein Einmachglas geben. Über Nacht in den Kühlschrank stellen und am nächsten Morgen genießen.

Tipp: Klein gehackte Nüsse, wie z. B. Walnuss- oder Pekannusskerne, oder Rosinen passen auch super dazu. Einfach mal ausprobieren!

Zeit: ca. 10 Minuten und über Nacht

Pro Portion ca. 404 kcal/1.690 kJ, F 7 g, E 12 g, KH 68 g

Warum keine Pfirsiche?

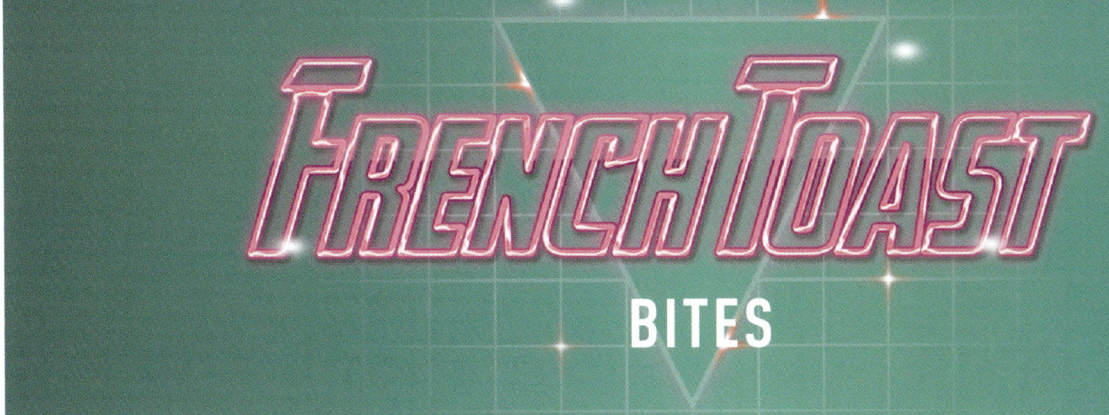

FRENCH TOAST

BITES

Ich liebe es, wenn der magische Duft von French Toast Bites am Morgen die Wohnung erfüllt!
Denn dann ist sicher: Gleich erwartet mich ein unvergleichliches Geschmackserlebnis ...
Hinter dem Ausdruck »French Toast« verbergen sich die hierzulande sogenannten »Armen Ritter«, aber à la USA.
Im Land der Lady Liberty gehört French Toast zu jedem ausgedehnten American Breakfast. Aber French Toast
schmeckt nicht nur himmlisch. Es ist auch eine gute Möglichkeit, um Toastbrotreste zu verwerten.
Für meine French Toast Bites schneide ich die Toastbrotscheiben gerne in kleine handliche Häppchen. Findet ihr
nicht auch, dass kleiner auch immer noch besser schmeckt?

ZUTATEN :

Für 4 Portionen:
200 ml Mandelmilch
2 TL Zimt
1/2 TL frisch geriebener Muskat
1 Päckchen Vanillezucker
8 Scheiben Toastbrot

Außerdem:
etwas vegane Butter zum Ausbacken
etwas Puderzucker zum
Bestäuben

Zeit: ca. 30 Minuten

Pro Portion ca. 165 kcal/692 kJ,
F 2 g, E 5 g, KH 30 g

ZUBEREITUNG:

In einer flachen Schüssel die Mandelmilch mit Zimt, Muskat und Vanillezucker vermischen. Etwas vegane Butter in einer Pfanne schmelzen. Die
Toastbrotscheiben dritteln und nacheinander in die Mandelmilchmischung
legen. In der Pfanne bei mittlerer Hitze goldbraun ausbacken, dabei einmal
wenden. Mit Puderzucker bestäuben und noch warm servieren.

*Tipp: Frische Beeren und Ahornsirup passen perfekt dazu! Wer etwas mehr
Zeit hat, kann auch altbackene Brötchen statt Toastbrot als Basis verwenden.
Für einen Brotpudding einfach die Brötchen in eine Auflaufform geben, mit
Mandelmilchmischung übergießen, kurz stehen lassen und im vorgeheizten
Backofen bei 180 °C ca. 30 Minuten backen, bis sich eine goldbraune Kruste
bildet.*

Jeder Katzenhasser wird als Maus wiedergeboren. Just sayin'.

GESUNDE PANCAKES

»Das große Glück liegt in den kleinen Dingen« – das besagt eine Volksweisheit und ich stimme ihr voll und ganz zu.

Wie steht es bei euch? Sehr ihr das auch so? Ich liebe kleine Dinge, die ...

... mich überraschen,

... mich in turbulenten Zeiten innehalten lassen,

... mich in Erstaunen versetzen,

... mich neugierig machen,

... mich anspornen,

... ein Lächeln aus mir herauskitzeln,

... einer Situation ihre ganz persönliche Note verleihen,

... einen Moment unvergesslich werden lassen,

... mir den Tag versüßen.

Pancakes gehören definitiv zu den kleinen Dingen, dir mir den Tagesstart versüßen.

Das Tolle an diesem Rezept ist: Die Pancakes schmecken einfach superlecker und sind trotzdem vollwertig.

ZUTATEN :

Für 6 Portionen:
2 reife Bananen
150 g Haferflocken
1 TL Natron
1 Prise Salz
1 TL Vanilleextrakt
2–3 EL Pflanzenmilch
100 g Heidelbeeren

Außerdem:
etwas Kokosöl zum Ausbacken

Zeit: ca. 30 Minuten

Pro Portion ca. 214 kcal/897 kJ,
F 10 g, E 4 g, KH 39 g

ZUBEREITUNG:

Die Bananen schälen und mit einer Gabel zerdrücken. Die Haferflocken in einen Mixer geben und zu Mehl mahlen. Die restlichen Zutaten – außer den Heidelbeeren – dazugeben und alles zu einem Teig verrühren. Die Heidelbeeren verlesen, waschen, trocken tupfen und vorsichtig unter den Teig heben.

Eine Pfanne erhitzen, etwas Kokosöl schmelzen lassen und Pfannkuchen bei mittlerer bis hoher Hitze ausbacken. Sobald sich Bläschen bilden, die Pancakes wenden und fertig backen.

Tipp: Mit Nussmus bestrichen und frischen Früchten dazu – so bleiben keine Wünsche mehr offen.

SCHICHTPUDDING
MIT MANGO

ZUTATEN :

Für 4–6 Portionen:
5 EL Chia-Samen
300 ml Mandelmilch
3 Mangos
Saft von 1 Limette
2 gefrorene Bananen

Außerdem:
1 Dessertglas
etwas Granola oder Nüsse
zum Garnieren

Zeit: ca. 35 Minuten

Pro Portion ca. 279 kcal/
1.167 kJ, F 13 g, E 9 g,
KH 25 g

ZUBEREITUNG:

Die Chia-Samen mit der Milch mischen und 20 Minuten kalt stellen. Die Mangos waschen, aufschneiden und das Fruchtfleisch um den Kern herum herauslösen. Etwas Mango zum Garnieren beiseitestellen.

Eine Hälfte des Fruchtfleischs pürieren und mit dem Limettensaft verfeinern, die andere Hälfte mit den gefrorenen Bananen pürieren.

Alles in ein Dessertglas schichten: Chia-Pudding, Mangopüree, Bananen-Mango-Mix, dann wieder Chia-Pudding. Mit der frischen Mango und Granola oder Nüssen garnieren und sofort servieren.

Tipp: Statt Mangos können alle beliebigen Früchte verwandt werden: Pfirsiche, Erdbeeren oder Heidelbeeren eignen sich beispielsweise hervorragend. Ein Früchtemix sorgt für einen fruchtigen Cocktail! Überreife Bananen schneide ich gerne in Stücke und friere sie ein, so habe ich immer welche für tolle Rezepte im Haus.

LIEBLINGSMÜSLI

ZUTATEN :

Für 10 Portionen:
50 g Pekannusskerne
200 g kernige Haferflocken
3 EL Kokosraspeln
50 g Maisflakes
4 EL geschrotete Leinsamen
70 g Sonnenblumenkerne
2 EL Sesam
100 g zarte Haferflocken
2 EL Chia-Samen

Außerdem:
1 Einmachglas mit Schraubverschluss (Inhalt ca. 600 g)

Zeit: 5 Minuten

Pro Portion ca. 279 kcal /
1.167 kJ, F 13 g, E 9 g,
KH 25 g

ZUBEREITUNG:

Die Pekannusskerne grob zerkleinern. Alle Zutaten mischen
und in das Einmachglas mit
Schraubverschluss geben.

Die Mischung macht's: Ich habe
lange danach gesucht, viel
experimentiert, immer wieder
neue Zutaten ausprobiert, andere
Mischungsverhältnisse gekos-
tet, in zahlreichen selbstlosen
Eigenversuchen unterschiedliche
Mixturen getestet, unverdrossen
die Zusammenstellung optimiert.

*Tipp: Für eine Portion 6–7 EL der
Müslimischung in eine Schüssel
geben, mit 200 ml Mandelmilch
aufgießen und mit frischem Obst
der Saison abrunden.
Mein persönlicher Obstfavorit
sind Bananen, denn sie geben mir
zusätzlich Power für den Tag.
Dazu streue ich dann gerne noch
einen TL Zimt darüber.*

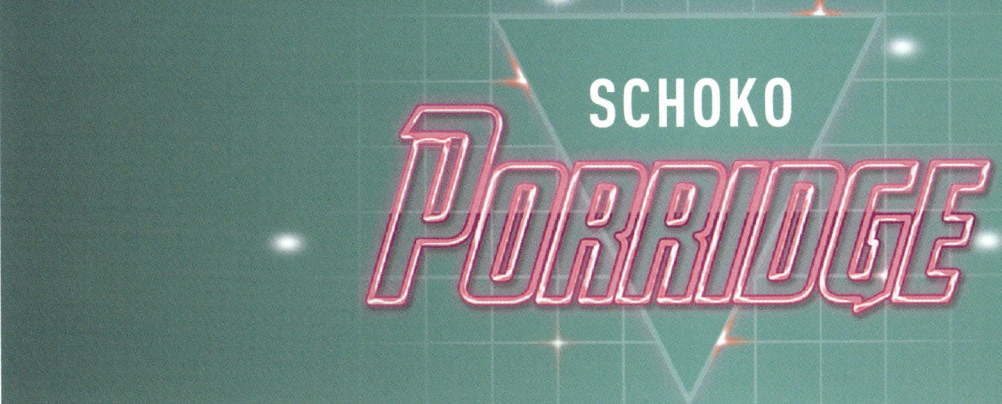

SCHOKO PORRIDGE

Start your day right!

An kalten Tagen ist so ein Schoko-Porridge immer willkommen, denn es kann den Hebel im Leben umstellen, nämlich auf Genuss und Glück! Wie es das macht? Mein Porridge-Rezept wärmt von innen, streichelt das trübsinnige oder traurige Herz und schmeichelt der geschundenen Seele. Dabei ist es schön schokoladig, ohne zu süß zu sein. Das Richtige also für gesundheitsbewusste Schokoholics! Das Tolle an meinem gesunden Seelentröster: Man kann das Porridge wunderbar variieren. Sollten mal keine Bananen im Haus sein, kann man auch einen Apfel reinraspeln – der sorgt auch für eine schöne Süße.

ZUTATEN :

Für 2 Portionen:
Für das Porridge:
1 reife Banane
200 g Haferflocken
2 EL ungesüßtes Kakaopulver
1/2 TL Zimt
250 ml Mandelmilch

Für das Topping:
1 Banane
1 EL Kakaonibs

Außerdem:
2 Schüsselchen

Zeit: ca. 15 Minuten

Pro Portion ca. 608 kcal /
2.543 kJ, F 13 g, E 18 g,
KH 96 g

ZUBEREITUNG:

Für das Porridge die Banane mit einer Gabel zerdrücken. In einem Topf Haferflocken, zerdrückte Banane, Kakaopulver, Zimt, 250 ml Wasser und Mandelmilch verrühren und einmal aufkochen lassen. Die Hitze reduzieren und das Ganze etwas 5-10 Minuten unter Rühren eindicken lassen. Wenn das Porridge gar ist, auf die Schüsselchen verteilen.

Für das Topping die Banane in Scheiben schneiden. Das Porridge mit den Kakaonibs bestreuen und mit den Bananenscheiben garnieren.

Tipp: Für ein exotisches Genusserlebnis Kokosmilch statt Mandelmilch verwenden und das Porridge mit Kokosraspeln und Mango dekorieren.

Das Frühstück ist die wichtigste Mahlzeit, also neben Mittag-, Abend- und Mitternachtssnack ...

WASSERMELONEN PIZZA

ZUTATEN :

Für 8 Portionen:
1 Wassermelone
4 EL Sojajoghurt Vanille
1 Banane
1 Kiwi
3 Erdbeeren
1/2 Mango
4 Trauben
1 Handvoll gemischte Beeren

Außerdem:
1 EL frisch gehackte Minze
zum Garnieren
1 EL Granola zum Bestreuen

Zeit: ca. 5-10 Minuten

Pro Portion ca. 197 kcal /
825 kJ, F 2 g, E 3 g, KH 40 g

*Tipp: Kokosraspeln oder
Kakaonibs passen auch ganz
toll als Topping.*

ZUBEREITUNG:

Die Wassermelone halbieren und 2
Scheiben mit je 2 cm Dicke abschneiden. Die restliche Melone im Kühlschrank lagern. Die Scheiben vierteln.

Den Vanille-Sojajoghurt auf den Was-
sermelonenscheiben verstreichen.
Das restliche Obst eventuell schälen,
waschen, putzen, klein schneiden und
auf dem Joghurt verteilen. Mit Minze
und Granola garnieren. Am besten
kühl genießen.

Ich geh' wieder pennen ...

SÜSSKARTOFFEL WAFFELN

ZUTATEN :

Für ca. 5 Waffeln:
1 große Süßkartoffel
1 Leinsamen-Ei*
100 g Haferflocken
1 Päckchen Vanillezucker
1/2 TL Salz
1 TL Backpulver
115 ml Mandelmilch
1/2 TL Zimt
2–3 EL Mehl
2 EL Kokosöl

Außerdem:
1 Waffeleisen
frische Früchte und
Ahornsirup zum Garnieren

Zeit: ca. 1 Stunde 40 Minuten

Pro Stück ca. 219 kcal/
916 kJ, F 8 g, E 5 g, KH 30 g

*1 Leinsamen-Ei: 1 EL
geschroteter Leinsamen mit
3 EL Wasser mischen und
ca. 15 Minuten in den Kühlschrank stellen.

ZUBEREITUNG:

Die Süßkartoffel waschen, mit
einer Gabel einstechen und bei
180 °C ca. 1 Stunde weich garen.
Abkühlen lassen und schälen.

Das Leinsamen-Ei vorbereiten.

Rund 15 Minuten später alle
Zutaten in einen Mixer geben und
glatt pürieren.

Etwas Teig ins heiße, eingefettete
Waffeleisen geben und goldbraun
ausbacken. Mit frischen Früchten
und Ahornsirup garnieren.

*Tipp: Etwas Joghurt und Nussmus
sind die perfekte Ergänzung zu
diesen leckeren Waffeln. Sie
schmecken aber auch ganz einfach
mit etwas Puderzucker.*

NEBEN GUTEM ESSEN
LIEBE ICH ...

- ▶ ... Madonna
- ▶ ... die 80er-Jahre.
- ▶ ... Videospiele.
- ▶ ... das Meer.
- ▶ ... Kakteen.
- ▶ ... Horrorfilme.
- ▶ ... Vergnügungsparks.
- ▶ ... Hochglanzpapier.
- ▶ ... Tiere.
- ▶ ... ein frisch bezogenes Bett.

Katzen liegen nicht faul rum.
Sie verschönern den Raum.

TORTILLA MUFFINS

Let's come together! Gerne lade ich meine Freunde oder meine Familie zum Brunchen ein.

Schon bei der Vorbereitung freue ich mich auf das Event: Dann sitzen alle um den Tisch zusammen, quirlige Gespräche kreisen um die großen und kleinen Dinge des Lebens.

Und was gibt es zum Essen? Muffins aus Tortilla-Wraps? Warum nicht! Diese Tortilla-Muffins sind crunchy, cheesy & fruity. Eine super Geschmacks- und Texturkombination! Frisch, lecker und im Nullkommanichts fertig! Was will man mehr? Zum Stichwort »mehr«: Wer mehr Muffins für sich alleine möchte, kann sie sich auch für das heimische Frühstück ohne Gäste schnell zaubern – und in Ruhe genießen!

ZUTATEN :

Für 12 Stück:
3 kleine Tomaten
1/2 grüne Paprika
1/2 Avocado
Salz
Pfeffer
Saft von 1/2 Limette
3 Tortilla-Wraps
200 g geriebenen Cheddar (oder eine pflanzliche Käse-Alternative)

Außerdem:
etwas Pflanzenöl zum Bestreichen
1 Muffinblech
1 EL frisch gehackter Koriander

Zeit: ca. 20 Minuten

Pro Stück ca. 116 kcal/485 kJ, F 8 g, E 6 g, KH 6 g

ZUBEREITUNG:

Den Ofen auf 180 °C Ober-/Unterhitze vorheizen.

Die Tomaten und die Paprika waschen, putzen und klein würfeln. Die Avocado entkernen, das Fruchtfleisch aus der Schale lösen und ebenfalls in kleine Würfel schneiden. Tomaten-, Paprika- und Avocadowürfel in einer Schüssel vermischen und mit Salz und Pfeffer sowie Limettensaft abschmecken.

Die Tortilla-Wraps von beiden Seiten mit etwas Öl bestreichen. Die Rundungen bei jedem Wrap abschneiden, sodass ein großes Quadrat entsteht. Die großen Quadrate jeweils vierteln. Die kleinen Quadrate in die Mulden eines Muffinblechs legen. Dabei die Tortilla-Quadrate jeweils an den Boden und die Ränder der Mulden drücken.

5–10 Minuten im vorgeheizten Backofen knusprig backen. Eine Minute vor Ende der Backzeit den Käse einfüllen und schmelzen lassen. Die Wraps-Muffins vom Blech nehmen und mit der Gemüsemischung füllen. Mit frischem Koriander bestreuen.

Tipp: Ein super Fingerfood für Partys oder für ein Buffet!

Naschkatze

Dieses Kapitel ist allen gewidmet, die gerne süße Leckereien genießen.

Allen, deren Herz für die kleinen und großen Köstlichkeiten aus der
süßen Welt schlägt. Allen, deren Trüffelnase immer wieder aufs Neue süße
Entdeckungen macht. Allen, die mit Vorliebe süße Köstlichkeiten
ausprobieren.

Ein Hoch auf euch! Ich kann eure Leidenschaft nicht nur gut nachvollziehen:
Ich teile sie ganz und gar, vom Kopf bis zur Sohle, mit Haut und Haar
und mit allem, was zu mir – Mira – dazugehört.

Denn ich bin eine wahre Naschkatze!

Klar, ich koche total gerne mit großer Leidenschaft und mit viel Herzblut.
Aber backen oder etwas Süßes zubereiten – das ist für mich zum
einen etwas ganz Besonderes und hat zudem immer etwas Festliches.
Zum anderen ist es für mich aber auch die ganz hohe Kunst!
Meine lieben Schleckermäuler, in diesem Kapitel findet ihr alles,
was eure verwöhnte Zunge begehrt: von süßen Klassikern
über gesunde Köstlichkeiten bis hin zu angesagtem
Trendfood zum Naschen.

Sugar for my honey ...

APPLE CRUMBLE

MIT KARAMELL

Ich sage nur: »Köstlich!« Dieser Kuchen ohne Boden bringt ratzfatz Abwechslung in euren Küchenalltag. Crumble ist nichts anderes als das Rezept für mit Streuseln überbackene Früchte. So einfach die Rezeptur, so überzeugend der Geschmack. Das Gute: Mein heißgeliebtes Crumble kommt mit weniger Zucker aus als gewöhnlich. Der absolute Clou ist aber die Karamellsoße aus den sagenhaft leckeren Medjool-Datteln. Diese Königinnen unter den Datteln waren früher dem königlichen Hof vorbehalten. Unter der runzeligen Schale dieser Dattelart verbirgt sich zartes Fruchtfleisch und in der Mitte ein ungenießbarer Kern. Medjool-Datteln sind nicht nur riesengroß, sondern wunderbar cremig. Und genau diese Cremigkeit ist bei meinem Rezept der Knaller!

ZUTATEN :

Für ca. 6 Portionen:
Für das Apple Crumble:
5 Granny-Smith-Äpfel
1 Päckchen Vanillezucker
2 TL Zimt
1 TL Ahornsirup
80 g Haferflocken
60 g Mehl
1 Prise Salz
50 g Mandelstifte
70 g vegane Butter
1 TL Zimt

Für das Karamell:
190 g Medjool-Datteln

Außerdem:
Fett für die Form
1 Auflaufform
Zeit: ca. 60 Minuten

Pro Portion ca. 401 kcal /
1680 kJ, F 14 g, E 6 g, KH 62 g

ZUBEREITUNG:

Den Ofen auf 180 °C Ober-/Unterhitze vorheizen.

Für das Apple Crumble die Äpfel waschen, putzen, schälen und in Würfel schneiden. In einer Schüssel mit Vanillezucker, Zimt und Ahornsirup mischen. Alles in die gefettete Auflaufform geben. In derselben Schüssel Haferflocken, Mehl, Salz, Mandeln, Butter und Zimt zu Streuseln vermischen. Auf den Äpfeln verteilen und im vorgeheizten Backofen ca. 40 Minuten backen. Nach der Hälfte der Zeit die Form mit Alufolie abdecken.

Für das Karamell die Datteln entkernen und mit 200 ml Wasser in einem Mixer so lange mixen, bis die Konsistenz der von Honig ähnelt.

Das Apple Crumble mit dem Karamell servieren.

Tipp: Der Klassiker – eine Kugel Vanilleeis dazu – das geht immer. Das Karamell hält sich einige Wochen im Kühlschrank und schmeckt köstlich als Soße beispielsweise zu Eiscreme oder Desserts.

Die duften aber gut.

APPLE HAND PIES

Homemade Apple Pie to go? So einfach zum Mitnehmen?

Eine echte Bereicherung! Ich finde ja, dass generell alles im Kleinformat noch besser schmeckt: Und das ist bei Apple Pie nicht anders – denn so bekommt man mit einem Biss schon das komplette Geschmackserlebnis von Füllung und Kruste. Da muss man einfach reinbeißen. Probiert es aus!

ZUTATEN:

Für ca. 9 Stück:
Für den Teig:
180 g Mehl
1 Prise Salz
1 TL Zucker
100 g kalte, vegane Butter
2–3 EL pflanzliche Milch

Für die Füllung:
2 Äpfel
1 EL Maisstärke
2 TL Zucker
1 gehäufter TL Zimt
1 Päckchen Vanillezucker
1 Prise Salz
etwas Zitronensaft

Außerdem:
Milch zum Bestreichen
etwas Zucker zum Bestreuen
Backpapier
1 Backblech

Zeit: ca. 60-70 Min.

Pro Stück ca. 177 kcal/742 kJ,
F 8 g, E 2 g, KH 24 g

ZUBEREITUNG:

Für den Teig Mehl, Salz und Zucker mischen, die kalte Butter in Stückchen dazugeben. Die Milch hinzufügen und alles mit den Händen schnell verkneten. Den Teig in Folie einschlagen und ca. 30 Minuten in den Kühlschrank stellen.

Für die Füllung die Äpfel waschen, putzen, schälen und klein würfeln. Die Apfelstückchen mit Maisstärke, Zucker, Zimt, Vanillezucker, Salz und Zitronensaft vermischen und beiseitestellen.

Den Ofen auf 200 °C Ober-/Unterhitze vorheizen.

Den Teig auf einer bemehlten Arbeitsfläche dünn ausrollen und Kreise mit einem Ø von 10 cm ausstechen. Der Teig sollte für 18 Kreise reichen. Jeweils 1 TL der Apfelfüllung auf die Mitte des Teigkreises geben. Die Ränder mit etwas Wasser bestreichen und einen anderen Teigkreis auflegen. Mit einer Gabel vorsichtig den Rand andrücken. Mit einem Messer 4 kleine Schlitze in den Teig stechen. Die Pies mit etwas Milch bestreichen, mit Zucker überstreuen und auf das mit Backpapier ausgelegte Backblech legen.

Im vorgeheizten Backofen ca. 15 Minuten backen – bis die Hand Pies goldbraun sind.

Ich weiß, wo der Kugelschreiber hin ist, den sie ständig sucht, aber nicht verraten. Hihi!

BANANEN KRAPFEN

Wenn ich mal ein ganz sensationelles Genuss-Highlight präsentieren dürfte:

Hier kommen die wohl schnellsten Krapfen der Welt! Nicht irgendwelches schnöde Gebäck, das in Fett ausgebacken wurde, sondern ein absoluter Volltreffer. Genau das Richtige für meine Geschmacksknospen: crunchy und fruity zugleich! Und dabei wirklich easy peasy! Ein wunderbares Rezept, das mit superwenigen Zutaten auskommt. Weniger geht kaum. Und da die Hauswirtschaftlerin in mir gerade so richtig in Fahrt gekommen ist: Außerdem sind diese kleinen Köstlichkeiten eine gute Möglichkeit, überreife Bananen zu verarbeiten. Je reifer die gelben Tropenfrüchte sind, umso süßer werden die Naschereien.

Meine Bananen-Krapfen puffen so richtig schön auf und schmecken ganz lecker luftig. Wer kann schon widerstehen, wenn eine knusprige Hülle lockt, die ein süßes Inneres verbirgt, das sanft auf der Zunge zergeht? Zaubert dir nicht schon allein die Vorstellung ein Lächeln ins Gesicht? Ich würde am liebsten die Krapfen direkt zubereiten. Aber Achtung: Wenn ich meine Krapfen mache, muss ich mich immer sehr beeilen, sonst sind sie schon vernascht, bevor ich fertig bin …

ZUTATEN:

Für ca. 15 Stück:
2 überreife Bananen
Mehl (etwa so viel g wie
Gewicht der Bananen in g)
1 TL Backpulver
1/2 TL Vanilleextrakt
1 Prise Salz

Außerdem:
Öl zum Frittieren
Puderzucker zum Bestäuben

Zeit: ca. 20 Minuten

Pro Stück ca. 100 kcal/417 kJ,
F 2 g, E 2 g, KH 19 g

ZUBEREITUNG:

Die Bananen mit einer Gabel zerdrücken. Die gleiche Menge Mehl wie Bananen hinzugeben. Backpulver, Vanilleextrakt und eine Prise Salz untermischen.

Einen kleinen Topf mit Öl zum Frittieren aufsetzen. Zur Probe ein Holzstäbchen reinhalten. Wenn sich Bläschen bilden, ist das Öl heiß genug. Vorsichtig löffelweise etwas Teig in das Öl geben und von allen Seiten goldbraun ausbacken. Mit einer Schaumkelle die Krapfen herausnehmen und auf Küchenpapier abtropfen lassen. Mit Puderzucker bestäuben und sofort servieren.

Tipp: In einer Mischung aus Zucker und Zimt wälzen.

BLUTORANGEN

MINZ-GRANITA

ZUTATEN :

Für 4 Portionen:
1 Bio-Limette
6 Blutorangen
60 g Zucker
1/2 Bund frische Minze

Außerdem:
4 gekühlte Gläser
Strohhalme

Zeit: 15 Min
+ 4 Std. Kühlung

Pro Portion ca. 170 kcal /
713 kJ, F 0 g, E 3 g, KH 44 g

ZUBEREITUNG:

Die Limette waschen, abtrocknen und Zesten, also hauchdünne Streifen, abreiben. Die Blutorangen waschen und ebenso wie die Limette halbieren und den Saft (ca. 500 ml) herauspressen. In einem Topf den Saft mit dem Zucker und den Zesten mischen und erhitzen, bis sich der Zucker komplett aufgelöst hat. Die Minze waschen, trocken schütteln und in feine Streifen schneiden. Den Saft in eine Schüssel umfüllen, abkühlen lassen, die Minze unterrühren und ins Gefrierfach stellen. Ab und zu durchrühren. Nach ca. 4 Stunden die Granita in gekühlten Gläsern mit Strohhalm servieren.

Tipp: Diese gefrorene sizilianische Süßspeise schmeckt auch wunderbar mit Grapefruit oder anderen Zitrusfrüchten.

BLAUBEER MUFFINS

ZUTATEN :

Für 12 Stück:
200 ml Sojamilch
1 EL Apfelessig
110 g Mehl
110 g Dinkel-Vollkornmehl
1 Prise Salz
2 TL Backpulver
50 g brauner Zucker
50 ml Pflanzenöl
1 TL Vanilleextrakt
230 g Blaubeeren

Außerdem:
12 Papier-Muffinförmchen
1 Muffinblech

Zeit: 30–40 Min.

Pro Stück ca. 130 kcal/
544 kJ, F 5 g, E 3 g, KH 19 g

Tipp: Das Rezept geht auch mit TK-Früchten. Die Farben verlaufen dann zwar etwas, aber geschmacklich tut sich dadurch nicht viel. Am besten Silikonförmchen verwenden, dann klebt nichts fest.

ZUBEREITUNG:

Den Ofen auf 180 °C Ober-/ Unterhitze vorheizen.

Die Muffinförmchen in den Mulden des Muffinblechs verteilen und beiseitestellen.

Die Sojamilch mit dem Apfelessig mischen und kurz stehen lassen, bis sie anfängt, einzudicken. Alle restlichen Zutaten – bis auf die Blaubeeren – zügig miteinander vermischen. Die Sojamilch dazugeben und den Teig glatt rühren. Achtung, nicht zu viel rühren: nur bis eben so alles vermengt ist. Die Blaubeeren vorsichtig unterheben und den Teig auf die Förmchen verteilen.

Im vorgeheizten Backofen 20–25 Minuten backen. Stäbchenprobe machen. Auf einem Rost auskühlen lassen.

Außerdem:
etwas Margarine für die Form
1 Springform mit einem Ø von
ca. 26 cm
2 EL Kokoschips zum Garnieren

Pro Stück ca. 437 kcal/
1.831 kJ, F 24 g, E 4 g, KH 51 g

I only understand station.

CARROT CAKE
MIT KOKOS-FROSTING

Der Carrot Cake gehört zu den Klassikern auf meinem Kochkanal.

Ich habe das Rezept für mein Buch etwas abgewandelt und nun gibt es ihn auch in einer supersaftigen und cremigen veganen Variante – yeah! Ich habe einen sehr ähnlichen Kuchen zu meinem letzten Geburtstag bekommen. Mein Freund ist dafür extra früh aufgestanden. Er war so cremig, also der Kuchen jetzt. Abgerundet wird der Cake mit einer leckeren Kokoshaube.

ZUTATEN :

Für 12 Stücke:
Für den Carrot Cake:

500 g Karotten
2 Leinsamen-Eier*
270 g Mehl
1 TL Zimt
1 TL Salz
1/4 TL Muskat
2 TL Natron
2 TL Backpulver
180 g brauner Zucker
240 ml Pflanzenöl
100 ml Sojamilch

Für das Frosting:
3 EL Kokosöl
200 g Puderzucker
1 TL Vanilleextrakt
etwas Pflanzenmilch

Zeit: ca. 90 Min

ZUBEREITUNG:

Den Ofen auf 180 °C Ober-/Unterhitze vorheizen. Die Springform fetten.
Für den Carrot Cake die Karotten waschen, schälen und raspeln sowie die Leinsamen-Eier vorbereiten.
In einer Schüssel das Mehl mit den Gewürzen sowie Natron und Backpulver mischen und beiseitestellen. In einer anderen Schüssel den Zucker und die Leinsamen-Eier mit einem Handrührgerät verrühren und langsam das Öl und die Sojamilch hinzugeben.

Die Mixtur mit den Leinsamen-Eiern zu der Mehl-Gewürz-Mischung geben und nur so lange rühren, bis sich alles vermengt hat. Die geraspelten Karotten unterheben und den Teig in die Form geben. Im vorgeheizten Backofen ca. 50 Minuten backen. Bei 2 kleineren Böden ca. 30 Minuten. Den Kuchen komplett auskühlen lassen.

Für das Frosting alle Zutaten mit einem Handrührgerät glatt rühren. Wenn die Masse zu trocken ist, mit etwas Pflanzenmilch verdünnen. Das Frosting gleichmäßig auf dem ausgekühlten Kuchen verstreichen und mit Kokoschips garnieren.

Tipp: Super auch als Cupcakes!

*1 Leinsamen-Ei: 1 EL geschroteten Leinsamen mit 3 EL Wasser mischen und ca. 15 Minuten in den Kühlschrank stellen.

REISBÄLLCHEN

MIT UBE

ZUTATEN :

Für ca. 25 Stück:
260 g Klebreismehl
60 g Zucker
1 TL Vanilleextrakt
100 g Ube Yam
100 g Kokosraspeln

Zeit: ca. 25 Min.

Pro Stück ca. 78 kcal/326 kJ, F 3 g, E 1 g, KH 12 g

Tipp: Falls, aber nur falls wirklich kein Ube Yam zu bekommen ist, könnt ihr die Bällchen selbstverständlich auch mit anderen Geschmäckern wie beispielsweise Nuss-Nougat-Creme, Nussmus oder Süßkartoffelpüree füllen.

ZUBEREITUNG:

260 ml Wasser in einem Topf zum Kochen bringen und etwas abkühlen lassen.

Klebreismehl, Zucker und Vanilleextrakt in eine Schüssel geben, dann das lauwarme Wasser nach und nach hinzugeben und alles gut vermischen. Wichtig: Immer nur so viel Wasser dazugeben, dass ein samtig-weicher, aber nicht zu feuchter Teig entsteht. Der Teig sollte von der Konsistenz an Knete erinnern und erst beim Kochen klebrig werden.

Teelöffelgroße Portionen mit den Händen zu kleinen Kugeln formen und in der Mitte eine kleine Mulde hineindrücken. Jeweils etwa 1/4 TL Ube Yam in die Teigmitte geben und das Ganze vorsichtig wieder zu einer Kugel formen.

Die Reisbällchen in leicht kochendes Wasser geben. Wenn die Bällchen an der Oberfläche schwimmen, mit einer Schaumkelle herausnehmen und in den Kokosraspeln wälzen.

ERDNUSSBUTTER
PRALINEN

ZUTATEN :

Für ca. 35 Stück:
400 g Zartbitterschokolade
1 1/2 EL Kokosöl
120 g chunky Erdnussbutter
4 EL Puderzucker

Außerdem:
1 kleiner Topf oder 1 kleine
Edelstahlschüssel
1 größerer Topf
35 Mini-Muffinförmchen
Fleur de Sel zum Bestreuen

Zeit: ca. 20 Min. + Kühlung

Pro Stück ca. 90 kcal /
378 kJ, F 6 g, E 2 g, KH 7 g

Tipp: Eine weitere Schicht
aus Fruchtaufstrich ist eine
fruchtig-süße Ergänzung.

ZUBEREITUNG:

Die Schokolade in Stücke brechen
und in den kleinen Topf oder in die
kleine Edelstahlschüssel geben.
Etwas Wasser in den größeren
Topf füllen. In den größeren Topf
den kleinen Topf bzw. die Edelstahlschüssel stellen. Das Wasser
heiß werden lassen, sodass
die Schokolade im Wasserbad
schmilzt. Die Schokolade mit 1 EL
Kokosöl vermischen und die Hälfte
der Schokolade auf die Förmchen
verteilen und kalt stellen.

Mit einem Handrührgerät Erdnussbutter, Puderzucker und
restliches Kokosöl mixen. Die
Creme auf die Förmchen verteilen. Mit der restlichen Schokolade auffüllen. Fleur de Sel
darüberstreuen und kalt stellen.

UNNÖTIGE FAKTEN
ÜBER MICH

► Ich war auf 5 Schulen, bis ich endlich
  mein Abitur in der Tasche hatte.
► Ich trinke nur stilles Wasser.
► Ich habe beide Führerscheinprüfungen
  beim ersten Mal bestanden.
► Ich bin ungern allein.
► Meine liebsten Blumen sind Gänseblümchen.
► Wenn ich traurig bin, heitern mich
  80er-Jahre-Filme immer auf.
► Ich habe weder Tattoos noch Piercings.
► Ich brauche ca. 30 Minuten, um mich
  morgens komplett fertigzumachen. Duschen,
  Haare stylen, anziehen, schminken …
► Früher wurde ich in der Schule von Lehrern
  und Schülern gemobbt.
► Ich habe eine ca. 10 cm lange Narbe
  am Hinterkopf.
► Ich war noch nie Ski fahren.
► Es kann noch so heiß sein:
  Ohne Bettdecke kann ich nicht schlafen.

ERDNUSSBUTTEREIS

Ups! Jetzt schlägt's aber 13! Dass man mit Erdnussbutter viel machen kann, ist natürlich bekannt:
Mit dem besonders in Amerika beliebten Brotaufstrich, der hauptsächlich aus gemahlenen Erdnüssen hergestellt wird, lassen sich Gerichte abrunden, Salatsoßen verfeinern, Pralinen (na, habt ihr aufgepasst?) herstellen sowie Muffins und Brownies backen. Und jetzt auch noch Eis damit machen? Schnell bildet sich bestimmt angesichts dieser Vorstellung eine skeptische Stirnfalte auf eurem Gesicht. Diese Reaktion ist absolut verständlich! Aber wartet ab: erst probieren, dann kritisieren – so heißt es doch so schön. Diese Eiskreation wird euch direkt in den Erdnussbutter-Himmel befördern. Denn dieses erfrischende Dessert ist cremig, nussig und crunchy zugleich. Was will man mehr?

ZUTATEN :

Für 8 Portionen:
100 g Zartbitterschokolade
1 EL Kokosöl
800 g kalte Kokosmilch (einfach über Nacht in den Kühlschrank stellen)
180 g Erdnussbutter
1 TL Vanilleextrakt
2 EL geröstete Erdnüsse

Außerdem:
1 kleiner Topf oder 1 kleine Edelstahlschüssel
1 größerer Topf
1 Kastenform

Zeit: 20 Min. + Kühlung über Nacht

Pro Portion ca. 413 kcal/ 1.727 kJ, F 36 g, E 10 g, KH 11 g

ZUBEREITUNG:

Die Schokolade in Stücke brechen und in den kleinen Topf oder in die kleine Edelstahlschüssel geben. Etwas Wasser in den größeren Topf füllen. In den größeren Topf den kleinen Topf bzw. die Edelstahlschüssel stellen. Das Wasser heiß werden lassen, sodass die Schokolade im Wasserbad schmilzt. Die Schokolade mit dem Kokosöl verrühren.

Nur den fest gewordenen Teil der Kokosmilch mit einem Handrührgerät cremig schlagen. Die restliche Kokosmilch kann im Kühlschrank aufbewahrt werden. Die Erdnussbutter und den Vanilleextrakt unterrühren. Die Masse in die Kastenform geben, mit der geschmolzenen Schokolade marmorieren und die Erdnüsse grob unterrühren. Über Nacht in den Gefrierschrank stellen.

Tipp: Für noch mehr Crunch einfach in Eiscremewaffeln geben oder zerkleinerte Kekse in die Masse einarbeiten. Für das doppelte Geschmackserlebnis kann man natürlich auch beides machen …

CHAI BUBBLE TEA

ZUTATEN :

Für 4 Portionen:
8 EL Tapioka-Perlen
4 EL Ahornsirup
1 Zimtstange
2 Scheiben Ingwer
2 Nelken
1 Sternanis
4 schwarze Pfefferkörner
4 Kardamomkapseln
4 Beutel schwarzer Tee
Sojamilch

Außerdem:
1 Sieb
4 Gläser

Zeit: ca. 50 Min.

Pro Portion ca. 63 kcal /
262 kJ, F 2 g, E 2 g, KH 12 g

*Tipp: Tapioka-Perlen sind in
Asia-Shops oder natürlich online erhältlich. Unbedingt mit
einem dicken Strohhalm servieren, um die Perlen aufsaugen
zu können.*

ZUBEREITUNG:

1 L Wasser in einen großen Topf füllen
und zum Kochen bringen. Die Tapioka-
Perlen dazugeben. Wenn die Perlen
an der Oberfläche schwimmen, die
Hitze auf mittlere Stufe stellen und
das Wasser 30 Minuten weiterköcheln
lassen. Ab und zu umrühren, damit die
Tapioka-Perlen nicht auf dem Boden
oder aneinander kleben. Die Flüssigkeit durch ein Sieb schütten. Dabei die
Perlen auffangen und im Ahornsirup
einlegen.

Alle Gewürze in einen Teefilter geben.
In einem Topf 1 L Wasser zum Kochen
bringen. Die Schwarzteebeutel und den
Gewürzteebeutel hineinlegen und alles
ca. 10 Minuten köcheln lassen.

Je 2 EL Tapioka-Perlen auf die 4 Gläser
verteilen, mit jeweils 250 ml schwarzem
Chai Tee aufgießen und mit der Sojamilch verfeinern. Nach Belieben mit
Ahornsirup nachsüßen.

CHIA

SCHOKOLADENPUDDING

ZUTATEN :

Für 4 Portionen:
60 g Chiasamen
400 ml Mandel- oder Kokosmilch
2 EL ungesüßtes Kakaopulver
3 EL Ahornsirup oder 6
getrocknete Datteln
1 Prise Salz

Außerdem:
4 Gläser
frische Himbeeren zum
Garnieren
frische Minze zum Garnieren

Zeit: ca. 30 Min.

Pro Portion ca. 135 kcal /
564 kJ, F 7 g, E 4 g, KH 10 g

ZUBEREITUNG:

Die Chiasamen mit der Milch
mischen und ca. 20 Minuten kalt
stellen.
In einen Mixer geben und mit
Kakao, Ahornsirup oder Datteln
und Salz fein pürieren. In die 4
Gläser füllen und mit Himbeeren
und Minze garnieren.

*Tipp: Wer etwas mehr Biss mag,
kann den Mixer weglassen und den
Pudding so genießen. Auch eine
schöne Frühstücksidee, die man
gut am Vortag vorbereiten kann.*

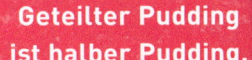

**Geteilter Pudding
ist halber Pudding.**

Folgst du mir schon
auf Instagram?
@funnypeaches

CINNAMON ROLLS

Der Duft von frischen Zimtschnecken ist unschlagbar!

Sobald die ganze Wohnung so verführerisch riecht, kann ich es kaum erwarten bis meine geliebten Rolls fertig sind. Dir wird's bestimmt genauso gehen!

ZUTATEN:

Für 16 Mini-Röllchen:
Für den Teig:
1 Päckchen Trockenhefe
1 EL Zucker
1 EL Kokosöl
2 EL Aquafaba
200 g Mehl
1 Prise Salz

Für die Füllung:
2 EL Margarine
1 EL Zimt
1 EL brauner Zucker

Für den Zuckerguss:
100 g Puderzucker
1 TL Vanilleextrakt
4 TL Pflanzenmilch

Außerdem:
Fett für die Form
1 Auflaufform

Zeit: ca. 2 Std. 15 Min.

Pro Stück ca. 96 kcal/404 kJ,
F 2 g, E 2 g, KH 17 g

ZUBEREITUNG:

Für den Teig in einer großen Schüssel Trockenhefe, Zucker und 100 ml warmes Wasser verrühren und für einige Minuten beiseitestellen. Kokosöl und Aquafaba hinzugeben und alles gut verrühren. Zum Schluss noch das Mehl und das Salz hinzufügen und verkneten. Auf einer bemehlten Arbeitsfläche etwa 5 Minuten gut kneten. Wenn der Teig zu sehr klebt, etwas mehr Mehl dazugeben. Den Teig zu einer Kugel formen und zurück in die Schüssel geben. Abgedeckt an einem warmen Ort 1 Stunde gehen lassen.

Für die Füllung alle benötigten Zutaten in einer Schüssel verrühren. Anschließend den Teig auf einer bemehlten Arbeitsfläche zu einem 1 cm dicken Rechteck ausrollen. Die Füllung auf dem Teig verstreichen und von der Längsseite her aufrollen. Die Rolle in 16 gleich große Röllchen schneiden und in eine gefettete Backform legen. Abgedeckt weitere 30 Minuten gehen lassen.

Den Ofen auf 180 °C Ober-/Unterhitze vorheizen.

Die Röllchen 12–15 Minuten goldbraun backen. Falls sie zu dunkel werden, einfach mit etwas Alufolie abdecken und weiterbacken.

In der Zwischenzeit für den Zuckerguss alle Zutaten verrühren und die noch warmen Röllchen mit der Hälfte des Gusses glasieren. Die andere Hälfte auf die abgekühlten Röllchen geben.

DIE EINZIG WAHRE SCHOKOLADEN TORTE

Ich habe diese Köstlichkeit nicht ohne Grund so genannt. Denn:
Jeder Bissen wird zu einem wahrhaft sinnlichen Erlebnis!

ZUTATEN :

Für 12 Stücke:
Für die Tortenböden:
400 ml Sojamilch
1 EL Apfelessig
260 g Mehl
1 TL Backpulver
50 g ungesüßtes Kakaopulver
2 TL Natron
1/4 TL Salz
1 TL Vanilleextrakt
280 g Zucker
90 ml Pflanzenöl

Für die Buttercreme:
250 g zimmerwarme,
vegane Butter
160 g Puderzucker
60 g ungesüßtes Kakaopulver
1 TL Vanilleextrakt
1–2 EL Sojamilch

Außerdem:
Fett für die Formen
2 Springformen mit einem
Ø von ca. 20 cm

Zeit: ca. 1 Std. 20 Min.

ZUBEREITUNG:

Den Ofen auf 180 °C Ober-/Unterhitze vorheizen.
Für die Tortenböden die Sojamilch mit dem Apfelessig mischen und kurz
beiseitestellen, bis die Milch andickt.

In einer anderen Schüssel Mehl, Backpulver, Kakao und Natron durch ein
Sieb streichen.

Die Essig-Sojamilch mit Salz, Vanilleextrakt, Zucker und Pflanzenöl verrühren und zur Mehlmischung geben. Alles zügig verrühren und auf die beiden
gefetteten Springformen verteilen. Im vorgeheizten Backofen 20–30 Minuten
backen. Mit einem Holzstäbchen in die Mitte des Kuchens stechen und prüfen,
ob er durchgegart ist. Kuchen komplett auskühlen lassen.

Für die Buttercreme alle Zutaten mit einem Handrührgerät cremig rühren. Die
Farbe ist anfangs recht hell und wird nach einiger Zeit dunkler.

Den ersten Boden mit etwas Buttercreme bestreichen und den zweiten Boden
daraufsetzen. Mit der restlichen Buttercreme den Kuchen rundum bestreichen. Mithilfe der Unterseite eines Löffels lässt sich die Buttercreme in eine
Art schokoladiges Schneegestöber verwandeln.

Pro Stück ca. 464 kcal/1.942 kJ, F 24 g, E 5 g, KH 54 g

MARZIPAN-
STOLLENKONFEKT

ZUTATEN :

Für ca. 20 Stück:
2 EL Rosinen
1 Päckchen Trockenhefe
1 EL Zucker
4 EL lauwarme Mandelmilch
170 g Dinkelmehl
1 Päckchen Vanillezucker
1 Prise Salz
Zesten von 1 unbehandelten Zitrone
Zesten von 1 unbehandelten Orange
50 g gehackte Mandeln
6 EL flüssiges Kokosöl
40 g Marzipanrohmasse

Außerdem:
Backpapier
1 Backblech
Kokosöl zum Bestreichen
50 g Puderzucker

Zeit: ca. 90 Min

Pro Stück ca. 110 kcal/
462 kJ, F 7 g, E 2 g, KH 11 g

ZUBEREITUNG:

Die Rosinen in einer kleinen Schüssel in etwas Wasser über Nacht abgedeckt ziehen lassen.

In einer kleinen Schüssel Trockenhefe, Zucker und lauwarme Mandelmilch mischen und 10 Minuten ruhen lassen. In einer großen Schüssel Mehl, Vanille-zucker, Salz, Zitronen- und Orangen-zesten, abgetropfte Rosinen, Mandeln, Kokosöl und Hefemischung verkneten. Den Teig abgedeckt an einem warmen Ort 30 Minuten gehen lassen. In der Zwischen-zeit den Ofen auf 180 °C Ober-/Unterhitze vorheizen.

Jeweils einen TL Teig in den Handflächen flach drücken. Einen Klecks Marzipan-rohmasse in die Teigmitte setzen. Den Marzipan mit dem Teig umschließen und den Teig zu kleinen Broten formen. Diese auf das mit Backpapier ausgelegte Blech legen, mit einem Küchentuch abdecken und 15 Minuten gehen lassen.

Anschließend im vorgeheizten Backofen ca. 15 Minuten backen. Die Mini-Stollen sofort nach dem Backen mit etwas Kokosöl bestreichen und in Puderzucker wälzen.

TIRAMISU
IM GLAS

ZUTATEN :

Für 4 Gläser:
100 g Cashewkerne (über Nacht eingeweicht)
1 Tasse starker Kaffee
2 EL Orangensaft
4 Tropfen Bittermandelöl
300 g Seidentofu
1/2 TL Zimt
4 EL Ahornsirup
1 Päckchen Vanillezucker
90 g vegane Butter
1/2 TL Johannisbrotkernmehl
8 Scheiben Dinkelzwieback

Außerdem:
4 kleine Einmachgläser
2 EL Kakaopulver zum Bestäuben
etwas Zitronenabrieb zum Garnieren

Zeit: ca. 20 Min.
+ Kühlung über Nacht

Pro Portion ca. 463 kcal/
1.937 kJ, F 31 g, E 11 g,
KH 36 g

ZUBEREITUNG:

Die Cashewnüsse abgießen und mit Wasser abspülen. In einer flachen Schüssel den Kaffee mit dem Orangensaft und dem Bittermandelöl mischen.

Abgetropfte Cashewnüsse, Seidentofu, Zimt, Ahornsirup, Vanillezucker, Butter und Johannisbrotkernmehl in einem Mixer cremig pürieren.

Den Zwieback kurz in der Kaffeemischung wenden und als erste Schicht auf die 4 Gläser verteilen. Mit der Creme bedecken und mit Kakaopulver bestäuben. Diesen Vorgang wiederholen und die Gläser am besten über Nacht im Kühlschrank kalt stellen. Vor dem Servieren noch einmal mit Kakao bestäuben.

Tipp: Im Sommer schmeckt das Tiramisu ganz toll mit frischen Erdbeeren und etwas Zitronenabrieb in der Creme.

Geht das auch mit Pfirsichen?

NO-BAKE-
LIMETTEN-ERDBEER
-CHEESECAKE

Fruchtig und cremig – dazu ein knackiger Boden. Dieser Cheesecake ist ein Highlight auf jedem Kaffeetisch.
Die Cashews verleihen dieser Torte ihre Cremigkeit: So kommt dieser Cake ganz ohne Frischkäse aus und bietet
dennoch ein mehr als 100-prozentiges Geschmackserlebnis, das seinesgleichen sucht.

ZUTATEN :

Für 8 Stücke:
Für den Boden:
10 getrocknete Datteln
200 g ganze Mandeln
1 Prise Salz

Für die Füllung:
100 g kalte Kokosmilch (einfach über
Nacht in den Kühlschrank stellen)
Saft und abgeriebene Schale von
6 unbehandelten Limetten
350 g Cashewkerne
(über Nacht eingeweicht)
50 g Kokosöl
100 ml Agavendicksaft
1 TL Vanilleextrakt

Für die Soße:
200 g Erdbeeren
1 TL Ahornsirup

Außerdem:
1 Springform mit einem Ø von ca. 20 cm
1 Limette zum Garnieren
einige Erdbeeren zum Dekorieren

ZUBEREITUNG:

Für den Boden die Datteln in warmem Wasser 10 Minuten einweichen. Die
Mandeln in einer Pfanne rösten. Die Datteln ausdrücken und mit den Mandeln
und dem Salz in einem Mixer körnig mixen. Die Masse gleichmäßig auf den
Boden der Springform drücken.

Für die Füllung nur den fest gewordenen Teil der Kokosmilch nehmen und mit
den restlichen Zutaten in einem Mixer glatt pürieren. In die Springform gießen.
Die restliche Kokosmilch kann im Kühlschrank aufbewahrt werden.

Für die Soße die Erdbeeren waschen, putzen, mit dem Ahornsirup süßen und
pürieren. Die Hälfte der Soße als Kleckse auf der Füllung verteilen. Mithilfe
eines Holzstäbchens die Kleckse spiralförmig durch die Füllung ziehen. Die
andere Hälfte der Erdbeersoße kalt stellen.

Den Kuchen für 2–3 Stunden gefrieren.

Vor dem Servieren den Cheesecake mit Limettenscheiben und frischen
Erdbeeren dekorieren und mit Erdbeersoße übergießen.

Zeit: ca. 20 Min + Kühlung

Pro Stück ca. 572 kcal/2.395 kJ, F 41 g, E 15 g, KH 40 g

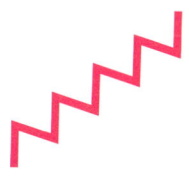

Veggie Love

**Als Farbe der Liebe gilt gemeinhin Rot.
Aber welche Farbe würdet ihr der sogenannten Liebe zum Essen geben?**

Wenn ich meiner angeborenen Leidenschaft eine Farbe zuweisen würde,
wäre das ein schönes sattes Grün. Warum? Ein großer Teil dieser Liebe zum
Essen basiert auf Gemüse und wird dadurch immer wieder neu angefacht.
Ihr kennt mich: Meine Liebe zu Gemüse ist groß. Sie wächst und gedeiht und
hat sich vor allem in den letzten Jahren ganz enorm entfaltet.
In der vegetarischen und auch veganen Küche kann man besonders kreativ
sein. Das ist ein Grund mehr dafür, warum ich mich gerne so ernähre.
Diese »grüne« Liebe und deren Vielfalt möchte ich euch mit den folgenden
Rezepten vermitteln. Hoffentlich kann ich euch mit meiner Begeisterung für
diese Küche, mit meiner Veggie Love, beflügeln und euch inspirieren.
Seht selbst: Es ist eine kunterbunte Mischung der unterschiedlichsten
Küchen und ganz viel Gemüseliebe
mit Rezepten für den Alltag.

I like big buns and I can not lie.

ASIATISCHE Dampfbrötchen
MIT PILZFÜLLUNG

Es klingt vielleicht nach etwas Arbeit, aber ich sage euch: Das ist es wert!
So herrlich fluffige Brötchen mit einer koreanisch inspirierten Füllung.

ZUTATEN :

Für 16 Stück:
Für die Brötchen:
400 g Kokosmilch light
500 g Mehl
2 EL Backpulver
1/2 TL Salz

Für die Füllung:
3 getrocknete Shiitake-Pilze
350 g Champignons
2 Knoblauchzehen
1 Chili
3 Frühlingszwiebeln
1 EL Sesamöl
2 TL Zucker
1 TL Essig
1 EL Sesam
1 EL Sojasoße
Salz & Pfeffer

Außerdem:
Backpapier
Mehl für die Arbeitsfläche
Öl zum Anbraten
schwarzer Sesam zum
Bestreuen
1 Dampfgarer oder 1 Topf mit
Bambuskörbchen

Zeit: ca. 1 Std. 10 Min.

ZUBEREITUNG:

Aus Backpapier 16 Quadrate (5 cm x 5 cm) ausschneiden.

Für die Brötchen alle Zutaten in einer Schüssel vermengen und zu einem geschmeidigen Teig kneten. Auf einer bemehlten Arbeitsfläche 10–15 Minuten gut durchkneten. Den Teig zu einer großen Wurst rollen. 16 gleich große Stücke abtrennen und diese jeweils zu Bällchen formen und kurz ruhen lassen.

In der Zwischenzeit für die Füllung die getrockneten Shiitake in kochendem Wasser 10 Minuten einweichen. Champignons, Knoblauch, Chili und Frühlingszwiebeln klein schneiden und in einer Pfanne mit etwas Öl anbraten, bis die Champignons weich werden. Dann beiseitestellen und abkühlen lassen.

Die Shiitake-Pilze ausdrücken, klein schneiden und zur Pilzmischung geben. Mit Sesamöl, Zucker, Essig, Sesam und Sojasoße vermengen. Kräftig mit Salz und Pfeffer würzen.

Je ein Bällchen flach andrücken und 1–2 TL der Pilzmischung in die Teigmitte geben. Dann alle Seiten zusammennehmen und gut verschließen, damit nichts mehr von der Füllung zu sehen ist. Den Teig zwischen den Händen zu Bällchen formen und auf die Backpapier-Quadrate legen. Die Brötchen in einem Dampfgarer oder einem Topf mit Bambuskörbchen ca. 20 Minuten dämpfen. Herausnehmen und sofort mit schwarzem Sesam bestreuen.

Tipp: Man kann die Brötchen auch gut vorbereiten und einfrieren.

Pro Stück ca. 151 kcal/633kJ, F 3 g, E 5 g, KH 25 g

Bei dem Wetter kann ich unmöglich meine Couch alleine lassen.

BLUMENKOHLSUPPE

Wenn sich im Herbstdie Bäume verfärben und sie nach und nach ihre Blätter abwerfen,

ist die Zeit gekommen: Meine Suppenliebe erwacht aus ihrem Sommerschlaf. Je kürzer die Tage, je weniger natürliches Tageslicht sich zeigt, desto größer wird meine Lust, alle möglichen Varianten auzuprobieren.

Ich liebe diese Blumenkohlsuppe – eine cremige Suppe, die von innen wärmt und dabei gut und vor allem nachhaltig sättigt. Eintopfrezepte, also Rezepte, für die man nur einen Topf braucht, sind wirklich toll.

Findet ihr das auch? So hat man hinterher so wunderbar wenig abzuwaschen.

ZUTATEN :

Für 4 Portionen:
1 großer Blumenkohl
2 Knoblauchzehen
1 Zwiebel
1 Karotte
1/2 Knollensellerie
1 Lorbeerblatt
3 EL Mehl
1 l Gemüsebrühe
200 ml Mandelmilch
Salz
Pfeffer
Saft von 1/2 Zitrone

Außerdem:
etwas Öl zum Anbraten
frisch gehackte Petersilie zum
Garnieren

Zeit: ca. 40 Min.

Pro Portion ca. 222 kcal/928 kJ,
F 2 g, E 12 g, KH 34 g

ZUBEREITUNG:

Den Blumenkohl waschen und putzen. Den Knoblauch und die Zwiebel schälen. Die Karotte und den Sellerie schälen und putzen. Das ganze Gemüse klein würfeln und in einem großen Topf mit etwas Öl bei mittlerer Hitze einige Minuten anrösten.

Das Lorbeerblatt und das Mehl dazugeben, kurz mitrösten und mit der Gemüsebrühe und der Mandelmilch aufgießen. 5 Minuten weiterrühren, bis die Suppe etwas eindickt. Einmal aufkochen lassen, bei geringer Hitze ca. 10 Minuten köcheln, bis der Blumenkohl gar ist.

Das Lorbeerblatt herausnehmen und die Suppe mit einem Stabmixer glatt mixen. Mit Salz, Pfeffer und Zitronensaft abschmecken. Vor dem Servieren mit frischer Petersilie garnieren.

Tipp: Einige Röschen Blumenkohl im Backofen knusprig rösten und als Topping auf die Suppe geben. Dafür einfach den Blumenkohl putzen und in kleine Röschen teilen. Mit etwas Öl und Salz in einer Schüssel mischen und auf einem Backblech bei 220 Grad auf der mittleren Schiene 10-15 Minuten rösten bis sie hellbraun sind.

Oh Weihnachten!!!
Das heißt wieder viele
Geschenke für mich!

BRATENSOSSE

Was wäre die Welt des Genusses ohne Soße?

Klar, die Gewürzklassiker Salz und Pfeffer können Gerichten einen würzigen Grundton verleihen. Frische Kräuter sorgen für vorzügliche Geschmacksnuancen. Und Zitronensaft setzt eine schöne fruchtige Note. So eine wunderbare Bratensoße rundet Gerichte ab, sie veredelt Küchenkreationen und sie vereinigt verschiedene Geschmacksrichtungen in perfekter Harmonie.

Meine Bratensoße lässt sich ganz ohne den obligatorischen Braten herstellen. Ein Klassiker fürs Weihnachtsfestmahl oder für yummy Wintergerichte.

ZUTATEN :

Für 6-8 Portionen
2 Schalotten
200 g Champignons
1 Karotte
1/4 Knollensellerie
1 EL Mehl
400 ml Gemüsebrühe
50 ml Rotwein
1 Lorbeerblatt
1 Thymianzweig
1 EL Ahornsirup
1 EL Sojasoße
Salz
Pfeffer
Zitronensaft
1 TL Worcestersoße

Außerdem:
1 EL Öl zum Anbraten

Zeit: ca. 50 Min.

ZUBEREITUNG:

Die Schalotten schälen. Die Champignons abreiben und putzen. Die Karotte und den Sellerie schälen und putzen. Das ganze Gemüse grob würfeln. Das Öl in einen Topf geben und das Gemüse bei hoher Hitze scharf anbraten, ohne dass es anbrennt. Sobald das Gemüse Farbe angenommen und sich ein Satz am Boden des Topfs gebildet hat, das Mehl dazugeben und bei mittlerer Hitze noch mal kurz anrösten.

Mit Gemüsebrühe und Wein ablöschen. Gewürze, Ahornsirup und Sojasoße dazugeben und 30 Minuten köcheln lassen. Den Thymianzweig und das Lorbeerblatt entfernen. Das Gemüse in einen Mixer geben oder mit einem Stabmixer sehr fein pürieren. Jetzt noch mit Salz und Pfeffer, etwas Zitronensaft und Worcestersoße abschmecken.

Tipp: Schon allein mit Kartoffelpüree ist die Soße ein Fest! Diese Köstlichkeit passt aber auch zu einem üppigen Festmahl wie auch zu Feelgood Food in den eigenen vier Wänden.

Pro Portion ca. 63 kcal/262 kJ, F 3 g, E 2 g, KH 5 g

Entweder werde ich Mama oder ich habe zu viel gefressen.

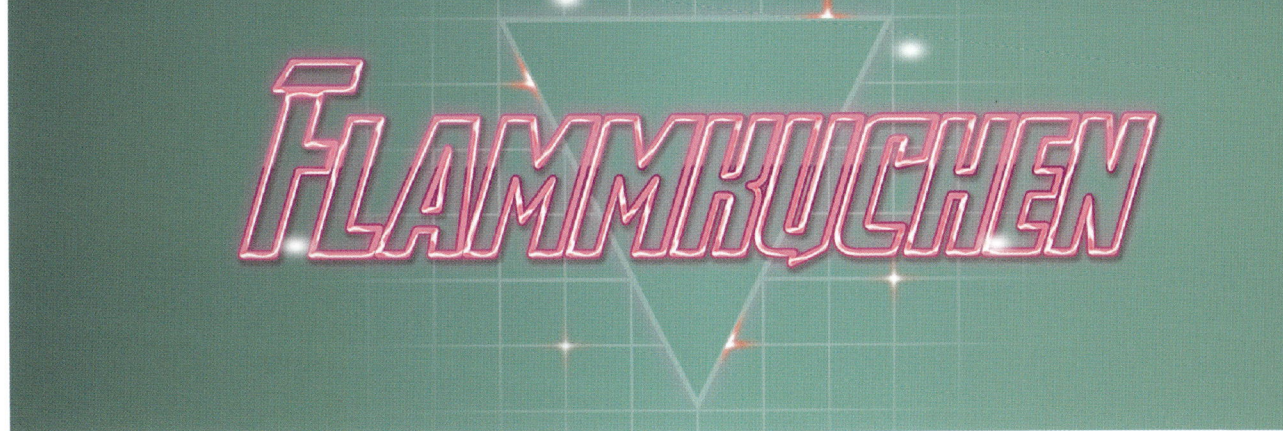

FLAMMKUCHEN

Wenn ich mal nicht weiß, was ich kochen soll, frage ich meinen Freund.

Noch während ich überhaupt die Frage stelle, wird mir klar, welches Wort er gleich freudig sagen wird. Was meint ihr wohl? Genau, richtig! »Flammkuchen«, ruft er dann begeistert aus, ohne nachzudenken. Ist es nicht schön, wenn man sich so gut kennt? Mein Lieblingsmensch eben!

Gesagt, getan: Routiniert knetet der eine den Teig und der andere bereitet den Belag vor.

Mit diesem Flammkuchenrezept verbinde ich viele tolle Erinnerungen. Es war beispielsweise eins der ersten veganen Rezepte, das ich auf meinem Blog gepostet habe. Damals habe ich das erste Mal Käsealternativen ausprobiert und war vom Ergebnis ganz begeistert! Irgendwie kommt es mir vor, als wäre es gestern gewesen …

ZUTATEN :

Für 2 Portionen:
Für den Teig:
250 g Dinkelmehl
2 EL Olivenöl
1/2 TL Salz

Für den Belag:
2 Frühlingszwiebeln
80 g Räuchertofu
250 g Sojajoghurt
2 EL Hefeflocken
Salz & Pfeffer

Außerdem:
Mehl für die Arbeitsfläche
Backpapier
1 Backblech

Zeit: 30–40 Min.

Pro Stück ca. 721 kcal/3.020 kJ,
F 23 g, E 30 g, KH 97 g

ZUBEREITUNG:

Den Ofen auf 200 °C Ober-/Unterhitze vorheizen.
Alle Zutaten für den Teig mit 125 ml lauwarmem Wasser in eine Schüssel geben und gut verkneten. Den Teig halbieren und jeweils auf einer bemehlten Arbeitsfläche sehr dünn ausrollen. Den ausgerollten Teig auf ein mit Backpapier ausgelegtes Backblech legen.

Für den Belag die Frühlingszwiebeln waschen, putzen und in Ringe schneiden. Den Räuchertofu ebenfalls klein schneiden. Den Sojajoghurt mit Hefeflocken, Salz und Pfeffer mischen.
Den Joghurt auf beide Flammkuchen verstreichen und mit den Frühlingszwiebeln und dem Räuchertofu belegen. Im vorgeheizten Backofen 10–15 Minuten knusprig backen. Noch warm servieren!

Tipp: Eine leckere Variante: Einfach mit gekochten Kartoffelscheiben belegen und etwas Käse hinzugeben oder nach dem Backen mit frischem Rucola belegen.

FRIED »CHICKEN« PORTOBELLO

Feelgood Food – das bedeutet für mich gelebte Zufriedenheit!

Fried »Chicken« Portobello ist Feelgood Food vom Feinsten. Außen knusprig, innen saftig – und alles superwürzig im »fried chicken«-Style. Dieses Rezept ist wie eine Anleitung zum Glücklichsein. The easy way. Try it!

ZUTATEN :

Für 4 Portionen:

Für die Pilze:

2 große Portobello-Pilze
1 TL Apfelessig
240 ml Sojamilch
1/2 TL Salz
Pfeffer
1 TL edelsüßes Paprikapulver
1/2 TL geräuchertes Paprikapulver
1 TL Knoblauchpulver

Für die Panade:

200 g Mehl
1 TL Paprikapulver edelsüß
1/2 TL Thymian
1/2 TL Salz
1/2 TL Knoblauchpulver

Außerdem:

Öl zum Frittieren
Salz zum Würzen

Zeit: 1 Std. 30 Min.

ZUBEREITUNG:

Die Portobello-Pilze in grobe Stücke schneiden. Den Apfelessig mit der Milch mischen und ca. 5 Minuten stehen lassen, bis die Milch zu »Buttermilch« andickt. Die Gewürze dazugeben, alles mischen und die Portobello-Stücke in die »Butter-milch« legen. Dazu verwendet man am besten einen Gefrierbeutel. Die Pilze ca. 1 Stunde marinieren, dann die Portobello-Stücke aus der Marinade nehmen. Wichtig: Die Marinade nicht wegschütten.

Für die Panade die Marinade mit 60 g Mehl in einer Schüssel mischen. In einer anderen Schüssel das restliche Mehl mit den Gewürzen mischen.

Erst die Portobello-Stücke mehlieren, dann in die Marinade tauchen und wieder in Mehl wenden. Zum Schluss goldbraun frittieren.
Die fertigen Nuggets auf Küchenpapier abtropfen lassen und mit Salz würzen.

Tipp: Portobello im Ganzen lassen und einfach als Patty in einen Burger geben – einfach lecker!

Pro Portion ca. 286 kcal / 1.198 kJ, F 10 g, E 9 g, KH 39 g

GEMÜSE

THAI-CURRY

ZUTATEN :

Für 4 Portionen:
1 große Zwiebel
1 daumengroßes Stück Ingwer
4 Knoblauchzehen
1 rote Paprika
1 grüne Paprika
125 g Babymais
1–2 EL rote Thai-Currypaste
800 g Kokosmilch
300 g Zuckerschoten
1 Handvoll Sojasprossen
1 Handvoll frisch gehackter
Koriander
Saft von 1 Limette
Salz

Außerdem:
1 Wok oder eine große Pfanne
1 EL Kokosöl zum Anbraten

Zeit: ca. 30 Min.

Pro Portion ca. 535 kcal/
2.241 kJ, F 41 g, E 11 g,
KH 29 g

ZUBEREITUNG:

Zwiebel, Ingwer und Knoblauch schälen.
Die Paprikaschoten waschen und putzen.
Die Zwiebel und die Paprika in dünne,
gleich große Streifen schneiden. Den
Babymais längs halbieren. Den Ingwer
reiben und den Knoblauch sehr klein
schneiden.

Einen Wok oder eine große Pfanne heiß
werden lassen, das Kokosöl hineingeben
und die Zwiebeln kurz anbraten. Den
Ingwer und den Knoblauch dazugeben.
Durch ständiges Rühren sicherstellen,
dass nichts anbrennt. Paprika, Mais und
Currypaste hinzufügen und kurz anbraten. Alles mit der Kokosmilch ablöschen.

Zum Schluss die Zuckerschoten waschen
und putzen und mit den Sojasprossen
hineingeben. Alles kurz aufkochen
lassen. Mit frischem Koriander bestreuen
und mit Limettensaft und Salz abschmecken. Wenn die Soße etwas zu dick sein
sollte, einfach mit etwas Wasser verdünnen.

Mit Reis oder Reisnudeln servieren.

CEASAR'S GRÜNKOHLSALAT

ZUTATEN :

Für 4 Portionen:
400 g Grünkohl
Salz
Saft von 1/2 Zitrone
1 Avocado
120 g Cherrytomaten
50 g Pinienkerne
3 EL Hefeflocken
1 EL Ahornsirup
8 EL Olivenöl
1 TL Knoblauchpulver
Pfeffer

Zeit: 20 Min.

Pro Portion ca. 512 kcal/
2.145 kJ, F 46 g, E 9 g,
KH 11 g

Tipp: Frische Croûtons geben dem Salat noch mehr Crunch.

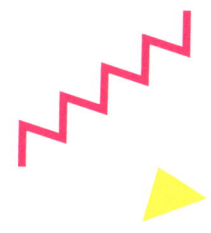

ZUBEREITUNG:

Den Grünkohl waschen, in kleine Stücke zerteilen und die harten Stiele entfernen. In einer Schüssel mit etwas Salz und etwas Zitronensaft kneten, bis er weich wird. Das kann einige Minuten dauern.

Die Avocado halbieren, den Kern entfernen, das Fruchtfleisch herauslösen und klein schneiden. Die Cherrytomaten waschen, putzen und in kleine Stücke schneiden. Beides zum Grünkohl geben.

Die Pinienkerne in einer Pfanne rösten. 1 TL Pinienkerne für das Topping aufheben, den Rest in einen Mixer geben und mit Hefeflocken, Ahornsirup, restlichem Zitronensaft, Olivenöl und Knoblauchpulver zu einem Dressing mixen. Mit Salz und Pfeffer abschmecken, über den Salat geben und alles gut vermengen. Zum Schluss die restlichen Pinienkerne darüberstreuen.

GRAUPENRISOTTO
MIT GRÜNEM SPARGEL

ZUTATEN :

Für 4 Portionen:
Für das Graupenrisotto:
1 Schalotte
2 Knoblauchzehen
1 TL Margarine
250 g Perlgraupen
150 ml Weißwein
600 ml warmer Gemüsefond
4 EL Hefeflocken
etwas Mandelmilch
Salz
Pfeffer

Für den Spargel:
200 g grüner Spargel
Salz
Pfeffer

Zeit: ca. 30 Min.

Pro Portion ca. 76 kcal/
319 kJ, F 2 g, E 4 g, KH 6 g

Tipp: Statt mit Spargel kann man das Risotto auch super beispielsweise mit Spinat, Pilzen, Kürbis oder auch Roter Bete abrunden.

ZUBEREITUNG:

Hier wird ein wenig gemogelt, denn statt Risotto werden Perlgraupen in ein wunderbares Graupenrisotto verwandelt. Dafür die Schalotte und den Knoblauch schälen und fein würfeln.

Die Margarine in einem Topf zerlassen und die Schalotte glasig dünsten. Die Perlgraupen und den Knoblauch dazugeben und alles kurz anschwitzen. Mit Weißwein ablöschen, ein bisschen warmen Fond dazugeben, sodass die Perlgraupen gerade so mit Flüssigkeit bedeckt sind.

Unter gelegentlichem Umrühren bei schwacher Hitze nach und nach den restlichen warmen Fond dazugießen. Etwa 15–20 Minuten dauert es, bis die Perlgraupen bissfest sind. Zum Schluss mit den Hefeflocken und etwas Mandelmilch verfeinern und mit Salz und Pfeffer abschmecken.

Beim Spargel die holzigen Enden abschneiden und den Rest dritteln. In einer Pfanne rösten, bis der Spargel bissfest ist. Mit Salz und Pfeffer würzen und auf das Graupenrisotto geben.

GNOCCHI
MIT SPINATSOSSE

ZUTATEN :

Für 4 Portionen:
1 Schalotte
2 Knoblauchzehen
500 g frischer Spinat
Salz
Pfeffer
400 g Seidentofu
100 g Cashewkerne (über
Nacht eingeweicht)
3 EL Hefeflocken
etwas Zitronensaft

Außerdem:
etwas Öl zum Anbraten
500 g Gnocchi aus dem
Kühlregal

Zeit: 25–30 Min.

Pro Portion ca. 434 kcal /
1.817 kJ, F 14 g, E 20 g,
KH 56 g

Tipp: Schmeckt auch ohne
Spinat und mit klein
gewürfeltem Räuchertofu.

ZUBEREITUNG:

Die Schalotte und den Knoblauch schälen. Die Schalotte fein würfeln und in etwas Öl glasig dünsten. Den Spinat putzen, waschen, dazugeben und dünsten, bis der Spinat zusammengefallen ist. Leicht mit Salz und Pfeffer würzen und beiseitestellen.

Die restlichen Zutaten in einen Mixer geben und pürieren, bis die Konsistenz an Pudding erinnert. Zum Spinat geben und alles kurz erhitzen. Abschmecken und mit den zubereiteten Gnocchi anrichten.

Dinner for me?

OFENKARTOFFELN

MIT FRANKFURTER QUARK

ZUTATEN :

Für 4 Portionen:
Für die Kartoffeln:
4 große Süßkartoffeln

Für den Frankfurter Quark:
1 Paket frischer Kräuter für
Frankfurter Grüne Soße
250 g einer pflanzlichen
Quark-Alternative
Saft von 1/2 Zitrone
Salz
Pfeffer

Außerdem:
1 Handvoll Cocktailtomaten
zum Garnieren

Zeit: 60 Min.

Pro Portion ca. 159 kcal/
666 kJ, F 3 g, E 6 g, KH 26 g

ZUBEREITUNG:

Den Ofen auf 200 °C Ober-/Unterhitze
vorheizen.

Die Süßkartoffeln mit einer Gabel
mehrmals einstechen und im Ofen
45–60 Minuten weich garen.

Für den Frankfurter Quark die Grüne-
Soße-Kräuter waschen, putzen, trocken
schleudern und im Mixer fein mixen oder
mit der Hand wiegen. Die Kräuter mit der
Quark-Alternative und dem Zitronensaft
mischen und gut mit Salz und Pfeffer
würzen.

Die gegarten Süßkartoffeln vorsichtig aufschlitzen und den Kräuterquark
daraufgeben. Mit Cocktailtomatenhälften
garnieren.

*Tipp: Als richtiges frankfurter
Mädsche ist unsere leckere Grie Soß
natürlich mein Leibgericht. Als frankfurter Quark schmeckt sie auch zu
»normalen« Ofenkartoffeln.*

HAFERBRATLINGE

ZUTATEN :

Für ca. 15 Stück:
3 mittelgroße Zwiebeln
1 TL Paprikapulver edelsüß
1/2 TL Cumin
300 ml Gemüsebrühe
200 g kernige Haferflocken
2 EL glatte, frisch gehackte
Petersilie
Salz & Pfeffer
gemahlene Muskatnuss
1 EL Hefeflocken
4 EL Öl
2 TL Senf

Außerdem:
Öl zum Braten

Zeit: 30–40 Min.

Pro Stück ca. 95 kcal /
398 kJ, F 5 g, E 3 g, KH 5 g

ZUBEREITUNG:

Öl in einer Pfanne erhitzen. Die Zwiebeln schälen, klein würfeln und im Öl glasig dünsten. Paprikapulver und Cumin dazugeben und mit andünsten. Mit der Gemüsebrühe ablöschen, die Pfanne vom Herd nehmen, die Haferflocken untermischen und alles 10 Minuten quellen lassen.

Je nach Temperatur etwas abkühlen lassen. Die restlichen Zutaten dazugeben und Bratlinge formen. Bei mittlerer Hitze in etwas Öl von jeder Seite 5 Minuten goldbraun braten.

Tipp: Für die Gemüseliebhaber unter euch: Einfach eine Zucchini oder Karotten raspeln und in den Teig einarbeiten.

Bin eben aufgewacht,
hab ich was verpasst?

QUINOA
ENCHILADA-AUFLAUF

Ich liebe Quinoa!

Er schmeckt nicht nur lecker und nussig, ist leicht und bekömmlich, sondern ist auch noch gesund. Was gibt es Besseres? Erst kürzlich bin ich auf die Idee gekommen, das Superfood auch mal als Basis für einen Auflauf zu verwenden. Weil ich die Tex-Mex-Küche so mag, habe ich diesen Enchilada-Auflauf ausprobiert. Und: OMG – er ist so gut!

ZUTATEN :

Für 4–6 Portionen:
Für die Enchilada-Soße (200 ml):
1 Zwiebel
2 Knoblauchzehen
400 g Tomaten aus der Dose
1 TL Cumin
Salz
Pfeffer

Für den Auflauf:
200 g Quinoa
1 rote Paprika
140 g Mais
200 g schwarze, gegarte Bohnen
1 EL Jalapeños
100 g Cheddar oder eine
pflanzliche Alternative
1 Tomate
1 Avocado
1 TL Cumin
Pfeffer
Salz
1 EL frisch gehackter Koriander

Außerdem:
Öl für die Form
1 Auflaufform

ZUBEREITUNG:

Den Ofen auf 180 °C Ober-/Unterhitze vorheizen.
Für die Enchilada-Soße die Zwiebel und den Knoblauch schälen. Zusammen mit den Tomaten und dem Cumin in einen Mixer geben und pürieren. In einem Topf 30 Minuten köcheln lassen und mit Salz und Pfeffer abschmecken.

Für den Auflauf den Quinoa nach Anleitung kochen. Die Paprika waschen, putzen und würfeln. Den Mais und die schwarzen Bohnen mit Wasser abbrausen. Mais, Paprika, Jalapeños, Bohnen und die Hälfte des Käses oder der Käsealternative mit dem Quinoa und der Enchilada-Soße vermengen. Mit Cumin, Salz und Pfeffer würzen. Alles in die gefettete Auflaufform geben und mit dem restlichen Käse bestreuen. 15 Minuten im vorgeheizten Backofen garen, bis der Käse zerläuft.

Die Tomate waschen, putzen und klein würfeln. Die Avocado halbieren, den Kern entfernen, das Fruchtfleisch aus der Schale lösen und klein würfeln. Den Auflauf mit Avocado- und Tomatenwürfeln belegen, den frischen Koriander darüberstreuen und servieren.

Tipp: Für den richtigen Crunch sorgen Nachos, die hervorragend zum Auflauf schmecken.

Zeit: ca. 50 Min.

Pro Portion ca. 531 kcal/2.223 kJ, F 22 g, E 22 g, KH 53 g

Unsere Nachbarn hören gute Musik –
ob sie es wollen oder nicht.

ROTE LINSEN DAAL

Gerade an kälteren Tagen entdecke ich gerne immer wieder aufs Neue meine Vorliebe für die indische oder pakistanische Küche. Dann sehne ich mich nach einem Daal, einem Gericht, dessen Hauptbestandteil Hülsenfrüchte, meistens Linsen, aber auch Kichererbsen, Bohnen oder Erbsen sind. Es wärmt von innen und entlockt dem Tag seine schönsten Seiten.

ZUTATEN :

Für 6–8 Portionen:
Für das Rote-Linsen-Daal:
1 große Zwiebel
1 daumengroßes Stück Ingwer
2 Knoblauchzehen
1 Chilischote
400 g stückige Tomaten
aus der Dose
450 g rote Linsen
400 g Kokosmilch
Salz
Saft von 1/2 Zitrone
1 Handvoll frisch gehackter
Koriander
1 TL Fenchelsamen
1 TL Cumin
1 TL schwarze Senfsamen
1 TL Garam Masala
1 TL Kurkuma

Für den Minzdip:
250 g Sojajoghurt
1 EL frisch gehackte Minze
Saft von 1/2 Zitrone
Salz

Außerdem:
Pflanzenöl oder Ghee zum Anbraten

ZUBEREITUNG:

Die Zwiebel und den Knoblauch klein würfeln und den Ingwer reiben. Die Chilischote waschen, putzen und ebenfalls klein schneiden.

Etwas Öl oder Ghee in einem großen Topf erhitzen. Die Zwiebeln glasig dünsten, den Ingwer, die Gewürze und die Chilischote dazugeben und alles kurz anrösten. Den Knoblauch hinzufügen. Mit den Tomaten ablöschen. Linsen, 400 ml Wasser und Kokosmilch hineingeben und aufkochen lassen. Dann bei kleiner Hitze 30–40 Minuten köcheln lassen, bis die Linsen gar sind. Ab und zu umrühren, damit nichts anbrennt. Eventuell mit Wasser verdünnen, wenn die Soße zu dick wird. Mit Salz und Zitronensaft abschmecken und vor dem Servieren den frischen Koriander unterrühren.

Für den Minzdip alle Zutaten pürieren.

Tipp: Passt toll zu den Bombay-Kartoffeln und/ oder dem Knoblauch-Naan. Kurz vor dem Servieren hebe ich manchmal noch gerne Spinat unter.

Zeit: 50-60 Min.

Pro Portion ca. 470 kcal/1.967 kJ, F 21 g, E 24 g, KH 46 g

Cute but psycho but cute.
Das bin ich.

SCHWARZE BOHNEN
BURGER

Für mich gehören Sommer und Grillen einfach zusammen. Eine unzertrennbare Einheit:

Wenn Sommer, dann Grillen. Ganz einfach! Und jedes Jahr probiere ich neue vegetarische und vegane Grillrezepte aus. Denn: Für mich ist Veggie-Grillen mehr als nur einfach Gemüse. Es ist gesunder Genuss pur. Und das in ganz, ganz vielen Varianten. Natürlich habe ich auch meine Favorites: Es geht doch wirklich nichts über einen guten Veggie-Burger, oder? Oder was ist euer vegetarischer Liebling vom Grillrost?

OMG – ich sage euch, dieser Schwarze-Bohnen-Burger ist so gut! Ein knuspriges Burgerbrötchen, ein paar frische Salatblätter, Tomatenscheiben, Soße – und mehr braucht es eigentlich nicht. Okay, Avocado oder karamellisierte Zwiebeln passen auch noch super dazu, sind aber kein Muss. Was soll ich sagen? YUMMY! Do not just believe it, try it for yourself! Wenn gerade kein Grill zur Hand ist, einfach – wie im Rezept beschrieben – die Pattys in der Pfanne braten.

ZUTATEN:

Für 6 Stück:
1 große Karotte
3 Knoblauchzehen
2 Zwiebeln
1 TL Salz
Pfeffer
800 g schwarze, gegarte Bohnen
8 Tropfen Liquid Smoke
2 TL Sojasoße
2 TL edelsüßes Paprikapulver
2 TL getrockneter Oregano
30 g Paniermehl

Außerdem:
Öl zum Anbraten
1 Sieb

Zeit: 60 Min.

Pro Stück ca. 230 kcal/965 kJ,
F 2 g, E 15 g, KH 32 g

ZUBEREITUNG:

Die Karotte schälen, putzen und fein raspeln. Den Knoblauch schälen und klein schneiden. Die Zwiebeln schälen, würfeln und in einer Pfanne mit etwas Wasser glasig dünsten. Dann den Knoblauch und die geraspelte Karotte hinzufügen, weiter- dünsten und mit Salz und Pfeffer würzen.

Die schwarzen Bohnen abspülen, in einem Sieb abtropfen und in einer Schüssel mit einer Gabel zerdrücken. Die Karotten-Zwiebel-Mischung dazugeben und mit Gewürzen und Paniermehl mischen, bis sich alles gut verbunden hat. 30 Minuten kalt stellen.

Mit den Händen 6 gleich große Burgerpattys formen. In einer Pfanne mit etwas Öl von beiden Seiten goldbraun braten.

Tipp: Im Sommer einfach auf den Grill damit!

PASTA
MIT »KÄSESOSSE«

ZUTATEN :

Für 4 Portionen:
1 große Zwiebel
2 Knoblauchzehen
1 mittelgroßer Blumenkohl
125 g Cashewkerne (über
Nacht eingeweicht)
1 TL Paprikapulver edelsüß
1 TL Kurkuma
2 TL Knoblauchpulver
3 EL Hefeflocken
1 TL Senf
Saft von 1/2 Zitrone
1 TL Salz
Pfeffer

Außerdem:
Öl zum Anbraten
evtl. etwas Gemüsebrühe oder
pflanzliche Milch zum Verdünnen der Soße
500 g Vollkornpasta

Zeit. ca. 35 Min.

Pro Portion ca. 695 kcal/
2.909 kJ, F 18 g, E 28 g,
KH 99 g

ZUBEREITUNG:

Die Zwiebel schälen, würfeln und mit etwas Wasser oder Öl in einer Pfanne glasig dünsten. Den Knoblauch schälen, zerdrücken, dazugeben und kurz anrösten. Immer wieder etwas Wasser dazugeben, damit nichts anbrennt.

Den Blumenkohl waschen, putzen und in kleine Röschen teilen. Die Blumenkohlröschen in die Pfanne geben und bei geschlossenem Deckel weich garen. Den weichen Blumenkohl mit den Cashewkernen und den restlichen Zutaten in einen Mixer geben und glatt pürieren, gegebenenfalls mit Brühe oder Milch verdünnen. Abschmecken, Pasta al dente kochen und die Käsesoße darauf verteilen.

Tipp: Die Soße hält sich einige Tage im Kühlschrank und schmeckt aufgewärmt noch besser. Ein paar frisch blanchierte Röschen Brokkoli oder Spinat hinzugeben und genießen.

REISNUDELSALAT

MIT ERDNUSSSOSSE

ZUTATEN :

Für 4 Portionen:

Für den Salat:
300 g breite Reisnudeln
1 Gurke
1 Karotte
2 Frühlingszwiebeln
1 Handvoll frisch gehackter
Koriander
1 Handvoll frisch gehackte
Minze

Für die Soße:
2 EL Erdnussbutter
1 Knoblauchzehe
1 EL Sojasoße
Saft von 1/2 Zitrone
2 TL Ketchup

Außerdem:
2 EL geröstete Erdnüsse zum
Garnieren

Zeit: ca. 20 Min.

Pro Portion ca. 391 kcal/
1.637 kJ, F 6 g, E 10 g,
KH 72 g

ZUBEREITUNG:

Die Reisnudeln nach Anleitung
kochen. Gurke, Karotte und
Frühlingszwiebeln waschen,
putzen, eventuell schälen und in
dünne Streifen (Julienne) schneiden. Mit den gekochten Nudeln
vermischen. Die frischen Kräuter
zu den Nudeln geben und alles
vermengen.

Für die Soße in einer kleinen
Schüssel die Erdnussbutter mit
etwas warmem Wasser glatt rühren. Den Knoblauch schälen und
hineinpressen, dann die restlichen
Zutaten hinzugeben. Die Soße über
die Nudeln geben und alles gut
vermengen. Mit den gerösteten
Erdnüssen garnieren.

*Tipp: Röstwiebeln als Topping
geben einen extra Crunch.*

Pizza! Pizza! Pizza!

SKILLET PIZZA

Diese hervorragende Pizza kann ganz traditionell im Ofen oder auch auf dem Herd zubereitet werden.

Der Pizzaname kommt von der Gusseisenpfanne, der Skillet. Durch die superheiße Pfanne wird der Teig nämlich extrem knusprig. Besser kann es kein Italiener!

ZUTATEN :

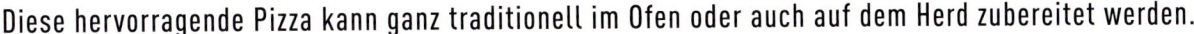

Für 4 kleine (Ø 16 cm)
oder 2 große Pizzen:
Für den Pizzateig:
500 g Mehl
1 Päckchen Trockenhefe
1/2 TL Salz
2 EL Olivenöl

Für die Tomatensoße:
400 ml Passata
1/2 TL Zucker
2 TL Salz
4 TL getrockneter Oregano
2 TL Knoblauchpulver
1/2 TL schwarzer Pfeffer

Außerdem:
Öl
1 Gusseisenpfanne mit Deckel
beliebige Zutaten für den Belag
Mehl für die Arbeitsfläche

Zeit: 1 Std 30 Min.

Pro Stück ca. 550 kcal/2.301 kJ,
F 9 g, E 16 g, KH 99 g

ZUBEREITUNG:

Die Gusseisenpfanne im 220 °C heißen Ofen aufheizen.

Alle Zutaten und 250 ml warmes Wasser für den Pizzateig mischen und gut durchkneten. Eine Schüssel mit etwas Öl ausstreichen, den Teig hineinlegen und zugedeckt an einem warmen Ort 1 Stunde gehen lassen.

In der Zwischenzeit die Tomatensoße vorbereiten. Dazu die Passata mit dem Zucker und den Gewürzen mischen und beiseitestellen. Alle Zutaten für den Belag klein schneiden.

Den Teig auf einer bemehlten Arbeitsfläche einmal gut durchkneten, vierteln und zu 4 Bällchen formen. Die heiße Gusseisenpfanne aus dem Ofen nehmen und den Boden der Pfanne mit etwas Öl bestreichen. Einen Teigball flach drücken und gleichmäßig in der Pfanne auslegen. Achtung: sehr heiß! Den Teig mit Tomatensoße bestreichen, dabei aber den Rand freilassen. Mit den gewünschten Zutaten belegen und 10–12 Minuten – oder bis der Käse zerlaufen ist – backen. Mit den restlichen 3 Teigbällen nacheinander ebenso verfahren.

Für die Variante auf dem Herd: Etwas Öl in die Pfanne geben und erhitzen. Den Teig in der Pfanne auslegen und goldbraun backen und wenden. Erst dann mit den gewünschten Zutaten belegen. Deckel drauf und Käse schmelzen lassen. Fertig!

Tipp: Den Teig ohne Belag nur ein paar Minuten backen (nicht die volle Zeit!). Auskühlen lassen. Die Pizza mit den gewünschten Zutaten belegen, in Frischhaltefolie einwickeln und einfrieren. So hat man seine ganz eigene TK-Pizza.

Geld allein macht nicht glücklich, man muss schon Essen davon kaufen.

STECKRÜBENSCHNITZEL

Das Geheimnis meiner Steckrübenschnitzel ist das Panko-Paniermehl. Psst! Nicht weitersagen!
Verwendet man Panko statt normalem Paniermehl beim Panieren, wird alles viel knuspriger und schmeckt einfach besser. Woran liegt's? Das aus der japanischen Küche stammende Paniermehl wird aus Brotkrume, und zwar aus einem Weißbrot ohne Rinde, hergestellt. Deshalb ist das Panko-Mehl auch heller als die meisten hiesigen Panier-mehlsorten. Der Vorteil von Panko: Speisen, die mit diesem Mehl paniert wurden, bekommen nach dem Frittieren eine wunderschöne Knusperhülle. So werden sogar ganz normale Steckrüben zu einem wahren Geschmackserlebnis!

ZUTATEN :

Für 4 Portionen:
3 mittelgroße Steckrüben
6 EL Mehl
Salz
Pfeffer
1 TL frisch gezupfter Thymian
50 ml Mandelmilch
100 g Panko-Paniermehl

Außerdem:
etwas Öl zum Braten

Zeit: 30–35 Min.

Pro Portion ca. 191 kcal/
798 kJ, F 1 g, E 6 g, KH 40 g

ZUBEREITUNG:

Die Steckrüben waschen, putzen, schälen und in 1 cm dicke Scheiben schneiden. Etwa 4 Minuten blanchieren und anschließend kalt abschrecken.

In eine flache Schüssel 4 EL Mehl geben, mit Salz, Pfeffer und frisch gezupftem Thymian vermengen. In einer zweiten Schüssel die Mandelmilch und das restliche Mehl verrühren und ebenfalls mit etwas Salz und Pfeffer würzen. Eine dritte Schüssel mit dem Panko-Paniermehl bereitstellen.

Die Steckrübenscheiben erst in Mehl wälzen, dann in die Milchmischung tunken und zuletzt in Panko-Mehl panieren.

Öl in eine hohe Pfanne geben, sodass das Öl rund 1/2 cm hoch steht. Bei mittlerer Hitze die Schnitzel darin auf jeder Seite 3–4 Minuten goldbraun braten.

Tipp: Diese Steckrübenschnitzel haben sich auch schon mehrfach als tolle Vorspeise bewährt. Nett arrangiert mit ein paar Zitronenspalten und einem grünen Salat sind diese Schnitzelchen ein wahrer Augen- und Gaumenschmaus.

Oishii!

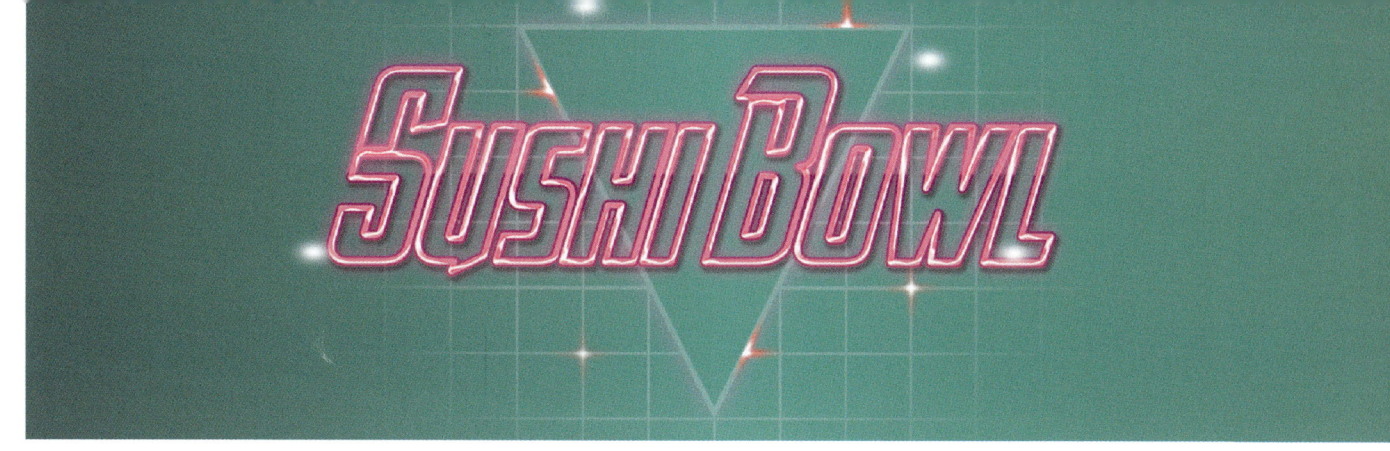

Gar keine Frage: Ich liebe Sushi. Aber wenn ich mal keine Zeit habe es selber zu machen, gibt es eben eine Sushi-Bowl. Das ist eine schnelle Alternative. Statt Reis verwende ich Quinoa. Dieses Gänsefußgewächs gehört zur selben Gattung wie Mangold, Rote Bete oder Spinat. Reines Quinoa ist glutenfrei und reich an Ballaststoffen und enthält viele wichtig Mineralien. Dieser ideale Nährstofflieferant schmeckt auch noch gut und ist super vielseitig. Also, wenn ihr keine Lust auf Reis habt, nehmt Quinoa. Und keine Lust auf Quinoa, gibt es – zumindest bei mir – jedenfalls nie!

ZUTATEN :

Für 4 Portionen:
Für die Bowl:
400 g Tofu
400 g Quinoa
4 EL Sushi-Essig
1/2 Salatgurke
3 Frühlingszwiebeln
2 Avocados
1 Nori-Blatt
4 TL eingelegter Ingwer

Für das Dressing:
1/2 TL Wasabi-Paste
4 EL Reisessig
4 EL Sojasoße
4 TL Agavendicksaft

Außerdem:
Öl zum Braten
etwas Sesam zum Bestreuen

Zeit: 20–25 Min.

Pro Portion ca. 524 kcal/
2.194 kJ, F 31 g, E 24 g, KH 31 g

ZUBEREITUNG:

Für die Bowl den Tofu in dünne Streifen schneiden und in etwas Öl von allen Seiten goldbraun braten. Den Quinoa nach Anleitung kochen und auskühlen lassen, mit dem Sushi-Essig würzen und auf vier Schalen verteilen.

Die Salatgurke waschen, schälen und putzen. Die Frühlingszwiebeln waschen, putzen und mit der Gurke in Stifte schneiden. Die Avocados halbieren, den Kern entfernen, das Fruchtfleisch aus der Schale lösen und in Streifen schneiden. Das Nori-Blatt in Streifen schneiden und mit dem Ingwer auf den Quinoa legen. Daneben das Gemüse und den Tofu anrichten. Alles mit Sesam bestreuen.

Für das Dressing den Wasabi im Reisessig auflösen, die anderen Zutaten sowie 4 EL Wasser hinzugeben und alles mischen. Auf den fertigen Sushi-Bowls verteilen.

Tipp: Dieses Rezept ist auch super vorzubereiten, wenn man mal Gäste erwartet.

TAGLIATELLE

MIT OFENGEMÜSE

Manchmal kann ich mich einfach nicht so recht entscheiden, was ich kochen soll.

Dann schaue ich hier und lese dort – auf der Suche nach Inspirationsquellen. Die Qual der Wahl. Kennt ihr das? Man hat zahlreiche Kochideen, aber keine springt einen so richtig an? Was aber tun, wenn der Magen langsam anfängt zu knurren? Allerspätestens, wenn sich der Hunger in zunehmend schlechterer Laune äußert, heißt es ganz schnell: Basta, es gibt Pasta!

Puh! Die erste wichtige Entscheidung ist getroffen und die Vorfreude auf das Nudelglück wächst und wächst. Was soll es dazu geben? Ein Entschluss ist schnell gefällt, denn mein verwöhnter Gaumen ruft laut: »Ofengemüse!« Das Gemüse gart praktisch im eigenen Saft und entwickelt sich im Ofen zu einer aromatischen Soße. Das nennt man Gemüsehochzeit!

ZUTATEN :

Für 4 Portionen:
1 rote Paprika
1 gelbe Paprika
1 Zucchini
2 rote Zwiebeln
100 g getrocknete Tomaten
200 g grüner Spargel
100 g Kalamata-Oliven
300 g Cherrytomaten
4 Knoblauchzehen
4 EL Olivenöl
Salz & Pfeffer
1 Handvoll frische
Basilikumblätter
700 ml Passata

Außerdem:
500 g Tagliatelle

Zeit: ca. 60 Min.

Pro Portion ca. 560 kcal/
2.346 kJ, F 25 g, E 19 g, KH 67 g

ZUBEREITUNG:

Den Ofen auf 200 °C Ober-/Unterhitze vorheizen.

Das ganze Gemüse – je nach Sorte – waschen, putzen und/oder schälen. Alles grob zerkleinern, in einen großen Bräter geben, Passata darüber verteilen und mit Olivenöl beträufeln. Kräftig mit Salz und Pfeffer würzen und im vorgeheizten Backofen ca. 45 Minuten mit Alufolie abgedeckt garen.

Tagliatelle al dente kochen und mit der Soße servieren. Die frischen Basilikumblätter kurz vor dem Servieren unterheben.

Tipp: Das ist definitiv eine Soße, die am nächsten Tag ihr volles Aroma erreicht und noch besser schmeckt.

Ich habe gar kein Auto.

Veggie everyday
keeps the doctor away.

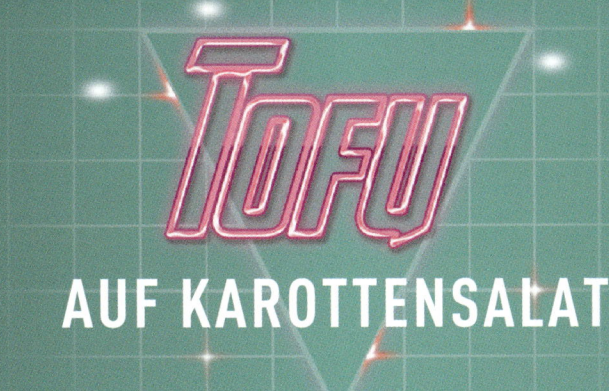

TOFU AUF KAROTTENSALAT

Wer mich und meine Rezepte etwas kennt, der weiß es: Ich mag Tofu!

Diese meist weißen Blöcke sind aus meiner Küche nicht mehr wegzudenken. Was ich besonders an Tofu mag: Er ist supervielseitig – ein richtiges Chamäleon auf dem Teller! Was aber ist Tofu? Es handelt sich dabei um einen asiatischen Sojaquark, dessen Anfänge vermutlich rund 2.000 Jahre zurückliegen. Hergestellt wird Tofu aus Soja-milch – und zwar in einem Verfahren, das an die Käseproduktion erinnert. Tofu enthält viel Eiweiß, viele Vitamine und Mineralstoffe. Gerne brate ich panierten Tofu in Kokosöl, denn so erinnert er mich an die Philippinen. Sehr köstlich schmeckt er zu diesem Karottensalat.

ZUTATEN :

Für 4 Portionen:
Für den Salat:
2 EL Cashewkerne
5 große Karotten
1 Handvoll frisch gehackter Koriander
Saft von 1/2 Zitrone
1 EL Olivenöl
1 daumengroßes Stück Ingwer
Salz & Pfeffer

Für den Tofu:
2 EL Mehl
Salz
Pfeffer
1 EL Pflanzenmilch
30 g Panko-Paniermehl
1 EL Sesam
200 g Tofu

Außerdem:
2 EL Kokosöl zum Anbraten

ZUBEREITUNG:

Für den Salat die Cashewkerne in einer Pfanne rösten. Dabei aufpassen, dass nichts anbrennt. Grob hacken. Die Karotten schälen und raspeln, den Ingwer reiben. Beides mit den anderen Zutaten für den Salat mischen. Mit Salz und Pfeffer würzen.

Für den Tofu in einer Schüssel 1 EL Mehl mit Salz und Pfeffer mischen. In einer wei-teren Schüssel das restliche Mehl mit der Pflanzenmilch verrühren, in einer dritten Schüssel das Panko-Paniermehl mit dem Sesam mischen. Den Tofu in große Würfel schneiden. Die Würfel erst mehlieren, dann in der Milch-Mehl-Mischung wälzen und anschließend im Panko-Mehl panieren.

Die panierten Tofuwürfel in einer heißen Pfanne mit Kokosöl von allen Seiten gold-braun braten. Auf den Karottensalat geben und mit gerösteten Cashews bestreuen.

Tipp: Den frischesten Tofu bekommt ihr im Asia-Shop.

Zeit: 30–35 Min.

Pro Portion ca. 354 kcal/1.480 kJ, F 20 g, E 13 g, KH 27 g

Meine Konzentration ist so kurz, dass...oh, guck mal, ein Vogel!

VIETNAMESISCHE SALATWRAPS

Ganz großes Küchenkino verheißt dieser vietnamesische Nudelsalat!

Als Nudeln verwende ich Reis-Vermicelli. Das sind asiatische Nudeln, die aus Reis und Wasser hergestellt werden. Sie eignen sich toll als Suppeneinlage, aber man kann sie auch prima braten oder einen Salat daraus zaubern. Auf den ersten Blick sind sie im trockenen Zustand leicht mit Glasnudeln zu verwechseln. Woran erkennt man jedoch den Unterschied? Allerspätestens, wenn sie gekocht sind, ist dieser klar: Während gekochte Glasnudeln durchsichtig sind, erscheinen Reis-Vermicelli weiß bis cremefarbig. Aber es gibt noch weitere Unterschiede zwischen den beiden Kandidaten. Bereitet mal die Reis-Vermicelli und Glasnudeln parallel zu. Schmeckt ihr den Unterschied?
Zurück zu dem vietnamesischen Nudelsalat! Als Salatwraps zubereitet ist dieses Rezept das perfekte Fingerfood für eine Party!

ZUTATEN :

Für 4 Portionen:
Für die Wraps:
150 g Reis-Vermicelli
1 Karotte
1/2 Salatgurke
2 EL Erdnüsse
1 Handvoll frisch gehackter Koriander
1 EL frisch gehackte Minze
8 gleich große Blätter Kopfsalat

Für das Dressing:
1 Chilischote
2 EL Reisessig
2 EL Zucker
4 EL Wasser
1 EL Sojasoße
Salz & Pfeffer

ZUBEREITUNG:

Für die Wraps die Reis-Vermicelli nach Anleitung kochen und kurz abschrecken. Die Karotte und die Salatgurke waschen, schälen, putzen und in feine Stifte schneiden. Die Erdnüsse grob hacken, in einer Pfanne goldbraun rösten und beiseitestellen.

Für das Dressing die Chilischote waschen, putzen und sehr fein schneiden. Alle restlichen Zutaten in einer kleinen Schüssel vermengen, bis der Zucker sich komplett aufgelöst hat.
Reisnudeln, Karotten, Gurke, Koriander und Minze in eine Schüssel geben und mit dem Dressing vermengen.

Die Salatblätter auf eine Platte legen. Den Nudelsalat auf die Blätter verteilen und mit den Erdnüssen bestreuen.

Tipp: Kleine Würfel aus paniertem Tofu sind als Topping der Hit!

Zeit: 20 Min.

Pro Portion ca. 227 kcal/949 kJ, F 3 g, E 6 g, KH 42 g

Ich bin nicht fett,
ich bin fluffig!

WRAPS

MIT GEGRILLTEM GEMÜSE

Wraps sind so super vielseitig. Absolute Alleskönner.

Einfach wunderbare Kombitüten! Wenn es nach mir geht, kann so viel Gemüse wie möglich rein!

Für das Doppelplus an cremigem Geschmack: Am besten den Käse nicht einfach so auf die angewärmten Wraps geben, sondern in der Pfanne den Käse mitbraten, sodass er zerläuft. Und das A und O: Die Wraps mit Hummus bestreichen! Diese orientalische Spezialität, die meist aus pürierten Kichererbsen, Knoblauch und Gewürzen hergestellt wird, sorgt für eine pikante Würze. In Kombination mit dem zerlaufendem Käse, dem gegrillten und frischen Gemüse und den angewärmten Wraps – einfach yummy!

ZUTATEN :

Für 4 Portionen:
Für das gegrillte Gemüse:
1 Handvoll Cherrytomaten
1 rote Zwiebel
1 Zucchini
1 Aubergine
etwas Olivenöl
Salz & Pfeffer

Für die Wraps:
4 Tortillas
60 g geriebenen Käse oder
Alternative
4 EL Hummus
8 Romanablätter
Salz
Pfeffer

Außerdem:
1 Grillpfanne
4 Papiermanschetten
etwas Kordel

Zeit: 25 Min.

ZUBEREITUNG:

Für das gegrillte Gemüse die Tomaten waschen, putzen und in Scheiben schneiden. Die Zwiebel schälen, halbieren und ebenfalls in Scheiben schneiden, sodass man kleine Zwiebelbögen erhält. Die Zucchini und die Aubergine waschen, putzen, eventuell schälen und längs in dünne Scheiben schneiden, mit Olivenöl, Salz und Pfeffer würzen und in einer Grillpfanne einige Minuten von beiden Seiten grillen. Beiseitestellen.

Für die Wraps die Tortillas in eine Pfanne geben und auf einer Seite kurz braten, zur Hälfte mit dem Käse bestreuen und kurz weitergaren, bis der Käse zerläuft.

Die Tortillas herausnehmen, mit Hummus bestreichen und mit dem Salat, dem gegrillten Gemüse, den Tomaten und den Zwiebelbögen belegen. Mit Salz und Pfeffer würzen und fest aufwickeln. Damit es kein Küchenchaos beim Essen gibt: Am besten die Wraps jeweils mit einer Papiermanschette versehen und diese mit etwas Kordel befestigen. Die Wraps gleich genießen!

Tipp: Schmeckt auch toll mit meinem Kalamata-Tomaten-Hummus.

Pro Portion ca. 234 kcal/978 kJ, F 8 g, E 13 g, KH 27 g

Yummy Favorites

Drehen wir die Welt mal um ein paar Jahre zurück:
Alles begann mit meinem YouTube-Kochkanal yummypilgrim, wo ich inzwischen wöchentlich neue Rezepte und Kochvideos hochlade. Früher habe ich solche Videos von Amerikanerinnen gesehen und fand die einfach toll. Deshalb wollte ich auch Kochvideos machen. Nachdem ich mein erstes Food-Video eingestellt habe, bin ich fast ausgerastet vor Freude über die ersten Zuschauer und Kommentare. Und jetzt habe ich die Möglichkeit, meine Rezepte auch in einem Buch festzuhalten. Das habe ich natürlich meinen yummy-Zuschauern zu verdanken:
DANKE, DANKE, DANKE!
Das Allerschönste ist für mich jedoch, wenn meine Zuschauer die Rezepte, die ich poste, nachkochen. Wenn sie mir dann Fotos ihrer nachgekochten Leckereien via Social Media zuschicken – das ist dann ganz großes Kino. Das macht immer Lust auf mehr und inspiriert mich zu neuen Ideen.
Auf den nächsten Seiten seht ihr im Best-of-Kapitel
die beliebtesten meiner
Veggie-Rezepte!

Den nächsten Satz nicht lesen!
Du kleiner Rebell du.

GERÖSTETE TOMATENSUPPE

Das geht doch gar nicht! Oder doch?

Genauer gesagt: Die Zutaten dieser Suppe werden im Vorfeld geröstet. Durch diesen Vorgang entfalten die Tomaten einen wunderbar süßen Geschmack und vereinen sich mit dem Knoblauch und dem Thymian zu einer superaromatischen Suppe. Versucht es einfach mal und lasst euch überzeugen! You will love it!

Meine Zuschauer lieben diese Suppe nicht nur wegen ihres Geschmacks, sondern weil sie so herrlich unkompliziert im Ofen gemacht wird.

ZUTATEN :

Für 2 Portionen:
5 große Tomaten
3 Schalotten
1 Chilischote
1 Knolle Knoblauch
Salz
1 gute Prise Zucker
einige Zweige Thymian
Olivenöl
Brühe oder heißes Wasser
zum Verdünnen

Außerdem:
1 feuerfeste Form
getrocknete Blüten und
Olivenöl zum Dekorieren
Pfeffer

Zeit: 60 Min.

Pro Portion ca. 145 kcal/604 kJ,
F 8 g, E 5 g, KH 12 g

ZUBEREITUNG:

Den Ofen auf 180 °C Ober-/Unterhitze vorheizen.

Die Tomaten waschen, putzen und grob zerkleinern. Die Schalotten schälen, die Chili waschen, putzen und grob zerkleinern, die Knoblauchknolle in der Mitte zerteilen. Alle Zutaten in eine feuerfeste Form geben und mit Salz und Zucker bestreuen. Die Thymianzweige darüber verteilen und mit etwas Olivenöl beträufeln.

Im vorgeheizten Backofen ca. 45 Minuten garen. Die Thymianzweige entfernen und die Knoblauchknollenhälften – je nach Geschmack – auf die Tomaten drücken. Die Tomaten pürieren, Brühe oder heißes Wasser zum Verdünnen dazugeben und das Ganze in einem Topf einmal aufkochen. Mit Salz abschmecken und mit Olivenöl und Blüten dekorieren.

Tipp: Kleiner Tipp für eine etwas reichhaltigere Version: Die fertige Tomatensuppe in feuerfeste Förmchen gießen, ein Stück Baguette drauflegen und mit geriebenem Käse bestreuen. Kurz in den Ofen geben, bis der Käse zerläuft und goldbraun wird. Lecker!!!

Und noch ein Extratipp: Wenn man die Suppe nicht verdünnt, passt sie auch wunderbar als perfekte Tomatensoße zu Pasta.

Der Schlüssel zu meinem Herzen: Mir Essen zubereiten, mir Essen kaufen, mein Essen sein.

Knoblauch Naan

Weiter geht es auf meiner Genussreise: Einen Stopp machen wir mit diesem Rezept in Indien.

Dort wird – wie auch in vielen anderen asiatischen Ländern – Naan gebacken. Das ist eine Brotsorte mit einer flachen, fladenartigen Form. Daher erinnert dieses leichte und lockere Brot an einen Pfannkuchen. Traditionell wird Naan über offener Glut in einem Ofen gebacken. Das ist nicht einfach und erfordert viel handwerkliches Geschick. Durch diese Backweise erhält das fluffigste und einfachste Brot der Welt auch seinen unnachahmlichen Geschmack. Meine Homemade-Version kann man in der Pfanne machen. Das geht verblüffend einfach! Mein Knoblauch-Naan hat einen köstlichen Geschmack und ist die ultimative Beilage zum Rote-Linsen-Daal oder auch zu anderen indischen Gerichten. Es schmeckt aber auch einfach toll belegt als Sandwich oder es kann zu anderen Gerichten als Beilage serviert werden. Yummy!

ZUTATEN :

Für 10 Stück:
1 EL Öl
1/2 TL Salz
3 Knoblauchzehen
450 g Mehl
200 g Sojajoghurt
1/2 Päckchen Backpulver
5 EL Pflanzenöl
etwas Salz

Außerdem:
Mehl für die Arbeitsfläche
1 Nudelholz
1 Grillpfanne

Zeit: 15–20 Min.

Pro Stück ca. 223 kcal/935 kJ,
F 7 g, E 5 g, KH 33 g

ZUBEREITUNG:

Das Öl in eine kleine Schüssel geben und das Salz dazugeben. Den Knoblauch schälen und hineindrücken. Beiseitestellen.

Alle restlichen Zutaten und 2 EL Wasser in eine große Schüssel geben und vermengen. Die Arbeitsfläche mit etwas Mehl bestäuben und den Teig gut verkneten. Den Teig zu einer Wurst rollen und mit einem Messer in 10 gleich große Teile schneiden. Die Teigstücke mit einem Nudelholz zu 1 cm dicken runden Fladen ausrollen.

Die Fladen in eine sehr heiße (Grill-)Pfanne legen, nach 30 Sekunden wenden, mit dem Knoblauchöl bepinseln, nochmals wenden und nach 5 Sekunden rausnehmen.

Tipp: Für eine superschnelle Pizza nehme ich gerne Naan-Brot, belege es nach Belieben, Käse darüber und ab in den Ofen damit. Lecker!

Schleck den Teller ab,
man lebt nureinmal ...
außer ich natürlich.

ROTE LINSEN
BOLOGNESE

I proudly present: Die perfekte vegane Bolognese!

Man vermisst nichts bei dieser Variante des beliebten Klassikers und hat trotzdem den leckeren und vollen Geschmack einer Bolognese. Und jetzt das Allertollste: Sie ist auch noch supergesund und kalorienarm. Außerdem ist alles in wenigen Minuten fertig – also ein echtes Ratzfatz-Gericht. Das heißt: Ihr könnt die »Bolo« in kürzester Zeit genießen. Das ist wichtig: Denn darauf kommt es ja an!!!

Das hat wohl auch vielen meiner Zuschauer gefallen und die haben die Bolognese mal schnell nach meinem Rezept gekocht: Ich freue mich über jedes einzelne der zahlreichen Fotos dieser roten Soße :)

ZUTATEN :

Für 4 Portionen:
1 große Karotte
1/2 Knolle Sellerie
1 Zwiebel
1 Knoblauchzehe
3 EL Tomatenmark
100 ml Rotwein
200–300 ml Gemüsebrühe
200 g rote Linsen
400 g geschälte Tomaten aus der Dose
Salz & Pfeffer
frisch gehackter Thymian

Außerdem:
Öl zum Braten
500 g Dinkel-Vollkorn-Spaghetti

Zeit. 30 Min.

ZUBEREITUNG:

Die Karotte und den Sellerie schälen, putzen und klein würfeln. Die Zwiebel ebenfalls schälen und klein schneiden. Etwas Olivenöl in eine heiße Pfanne geben, das Gemüse hinzufügen und anschwitzen. Den Knoblauch schälen, klein schneiden und mit dem Tomatenmark dazugeben und anrösten. Mit dem Rotwein ablöschen, kurz aufkochen und mit der Brühe aufgießen. Die roten Linsen und die Tomaten dazugeben und alles abgedeckt bei mittlerer Hitze köcheln lassen.

In der Zwischenzeit die Spaghetti al dente kochen.

Wenn die Soße zu dick ist, einfach mit etwas mehr Brühe oder Wasser verdünnen. Mit Salz, Pfeffer und frisch gehacktem Thymian würzen.

Tipp: Statt des Rotweins kann man etwas mehr Brühe verwenden. Um der Bolognese noch mehr Veggie Love zu geben, einfach kleine Würfel Zucchini, Aubergine und Paprika hinzufügen. Am nächsten Tag schmeckt die Soße übrigens am besten.

Pro Portion (nur Bolognese!)
ca. 312 kcal/1.306 kJ, F 8 g, E 16 g, KH 36 g

In dieser Küche wird getanzt. Yeah!

Hinter der Bezeichnung »Stir Fry« verbirgt sich ein Gericht, bei dem die Zutaten unter Rühren kurz angebraten werden. Es handelt sich dabei um eine weitverbreitete Kochtechnik, die ihre Wurzeln im asiatischen Raum hat. Ein Stir Fry ist superschnell gemacht und immer meine Rettung, wenn ich entweder keine Zeit oder mal keine Lust zum Kochen habe. An Zutaten könnt ihr im Grunde fast alles verwenden. Schaut einfach, was ihr noch im Haus habt. Es schmeckt immer lecker! Wenn mich aus meinem Kühlschrank noch Gemüsereste anlächeln, ist Stir Fry Time! Das Wichtigste: Der Wok sollte superheiß und alle Zutaten müssen gleich groß geschnitten sein: So ist das Gericht nach ca. 5 Minuten im Wok fertig und alle Zutaten sind noch schön knackig. Genau das macht dieses Rezept bei meinen Zuschauern so beliebt.

ZUTATEN :

Für 4 Portionen:
200 g Mie-Nudeln
1 große Karotte
1/2 Zucchini
1 rote Paprika
ca. 5 Champignons
1 Bund Frühlingszwiebeln
2 Knoblauchzehen
1 Daumengroßes Stück Ingwer
4 EL Sojasoße
Saft von 1 Limette
Salz & Pfeffer

Außerdem:
Öl zum Braten
1 Wok oder eine große Pfanne

Zeit: 20 Min.

Pro Portion ca. 314 kcal/
1.314 kJ, F 9 g, E 9 g, KH 48 g

ZUBEREITUNG:

Die Nudeln nach Anleitung kochen und abschrecken.

Das Gemüse – je nach Sorte – waschen, putzen, schälen und in sehr dünne Streifen schneiden, möglichst gleich groß. Den Knoblauch und den Ingwer in Scheiben schneiden.

Einen Wok oder eine große Pfanne sehr heiß werden lassen und Öl hineingeben. Den Ingwer und den Knoblauch kurz darin anbraten. Vorsicht: Nicht anbrennen lassen, sondern den Inhalt immer mit einem Kochlöffel in Bewegung halten. Das Gemüse dazugeben und für eine Minute unter Rühren braten. Die Nudeln dazugeben, alles kurz vermengen und nochmals eine Minute braten. Die Hitze reduzieren und das Ganze mit Sojasoße und Limettensaft würzen. Mit Salz und Pfeffer abschmecken.

Tipp: Wenn ihr es scharf mögt, gebt anfangs etwas Chili dazu. Alternativ schmeckt auch meine Süß-sauer-Soße toll zum Stir Fry.

Wann kommt eigentlich mein
Kochbuch raus?

SÜSS-SAUER SOSSE

Ihr kennt mich – Gerichte ohne Soße sind meistens nicht mein Ding.

Wenn es ein Mira-Must-have gibt, dann: Soße. Einfach etwas davon – schon wird aus einem wirklich guten Essen ein perfektes!

Eine meiner absoluten Lieblingssoßen, die zudem auch noch wahnsinnig vielfältig ist und zu vielen, vielen leckeren Gerichten passt, ist meine Süß-sauer-Soße: Eine tolle Soße zu Frühlingsrollen, aber auch zu Fried »Chicken« Portobello. Sie ist so leicht gezaubert und schmeckt selbst gemacht einfach am besten.

Meine Mama hat diese Soße früher immer ganz frisch zu Lumpia gemacht. Wenn es an meinen Geburtstagen diese Soße gab, war alles immer ratzfatz weg! Bei meinen lieben Zuschauern scheint die Soße auch super anzukommen, denn viele haben sie schon nachgekocht.

ZUTATEN :

Für 4 Portionen:
1 rote Paprika
10 TL Zucker
10 TL Essig
20 TL Wasser
2 TL Sojasoße
1 Knoblauchzehe
1 EL Maisstärke
1 TL Sambal Olek (optional)

Zeit: 30 Min.

Pro Portion ca. 339 kcal/
1.420 kJ, F 1 g, E 1 g, KH 18 g

ZUBEREITUNG:

Die Paprika im Ofen auf höchster Stufe rösten, bis sie komplett schwarz ist. Herausnehmen, in eine Schüssel geben und mit einem Küchentuch abdecken. Wenn sie abgekühlt ist lässt sich die Haut ganz einfach abziehen. Die geschälte Paprika in feine Stücke schneiden und beiseitestellen.

Zucker, Essig, Wasser und Sojasoße in einem Topf erhitzen und ca. 15 Minuten köcheln lassen. Den Knoblauch schälen und hineinpressen. In einer kleinen Schüssel die Stärke mit etwas kaltem Wasser vermischen, anschließend in den Topf geben, um die Soße zu binden. Zum Schluss die Paprikastückchen und Sambal Olek nach Belieben unterrühren.

Tipp: Natürlich kann man auch die Paprika komplett rauslassen, wenn's mal sehr schnell gehen muss. Ein Stückchen Ingwer gibt der Soße eine schöne Note.
Am besten gleich die doppelte Menge machen und in eine Flasche abfüllen.
Im Kühlschrank hält sich die Soße so einige Wochen.

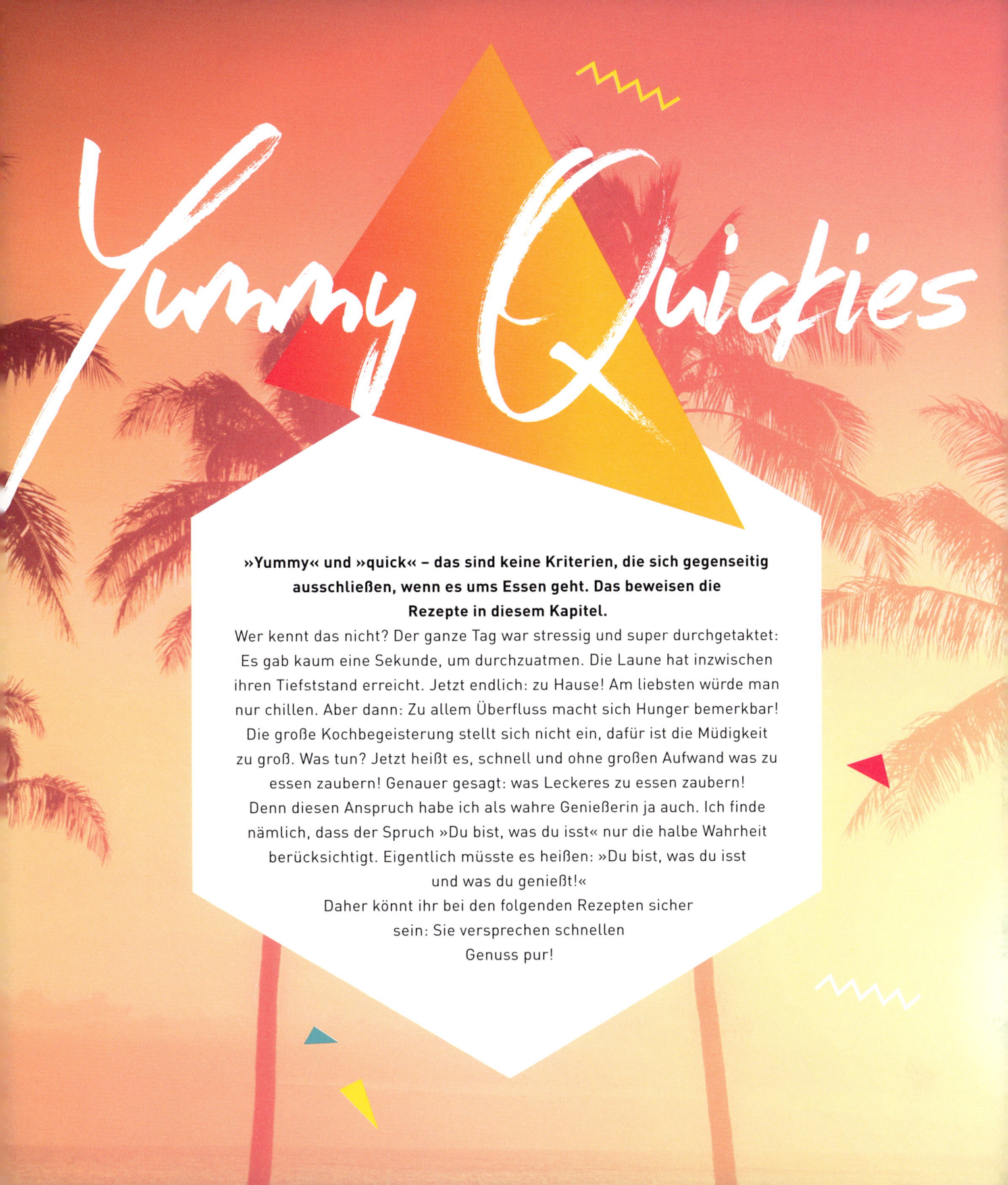

Yummy Quickies

»Yummy« und »quick« – das sind keine Kriterien, die sich gegenseitig ausschließen, wenn es ums Essen geht. Das beweisen die Rezepte in diesem Kapitel.

Wer kennt das nicht? Der ganze Tag war stressig und super durchgetaktet: Es gab kaum eine Sekunde, um durchzuatmen. Die Laune hat inzwischen ihren Tiefststand erreicht. Jetzt endlich: zu Hause! Am liebsten würde man nur chillen. Aber dann: Zu allem Überfluss macht sich Hunger bemerkbar! Die große Kochbegeisterung stellt sich nicht ein, dafür ist die Müdigkeit zu groß. Was tun? Jetzt heißt es, schnell und ohne großen Aufwand was zu essen zaubern! Genauer gesagt: was Leckeres zu essen zaubern!

Denn diesen Anspruch habe ich als wahre Genießerin ja auch. Ich finde nämlich, dass der Spruch »Du bist, was du isst« nur die halbe Wahrheit berücksichtigt. Eigentlich müsste es heißen: »Du bist, was du isst und was du genießt!«

Daher könnt ihr bei den folgenden Rezepten sicher sein: Sie versprechen schnellen Genuss pur!

KALAMATA-TOMATEN
HUMMUS

Hummus zählt in der orientalischen Küche zu den wesentlichen Bestandteilen beim Abendessen:
Das ist vergleichbar mit der guten alten Scheibe Brot in unseren Breitengraden. Die ist hier nicht wegzudenken: Ohne Brot würde vielen Deutschen abends etwas fehlen. Verglichen mit Brot oder Reis hat Hummus deutlich weniger Kalorien: Daher ist es auch für Low Carb geeignet. Was mir aber am besten an ihm gefällt: Hummus ist vegetarisch, vegan und schmeckt einfach lecker!
Seid ihr auch in der Hummus-Gang? Ich jedenfalls liebe Hummus! Es ist so vielseitig und schmeckt einfach jedem. Nein? Du bist anderer Auffassung und teilst meine Begeisterung für Hummus nicht? Strange! Sehr strange! Dann bist du nicht in der Gang – oder noch nicht. Aber vielleicht ändert dieses Rezept ja alles!
Be part of our gang! Lass dich auf das Hummus-Abenteuer ein. Zeige dich unerschrocken und teste den cremigwürzigen Küchenstar. Vielleicht überzeugt dich ja mein Kalamata-Tomaten-Hummus. Das würde mich jedenfalls wirklich sehr freuen. Mein Spezial-Hummus ist voller Aromen – einfach unbeschreiblich gut! Aber pass auf: Es ist eine Köstlichkeit mit echtem Suchtfaktor! Sag später nicht, ich hätte dich nicht gewarnt ...

ZUTATEN :

Für 6–8 Portionen:
20 Kalamata-Oliven
265 g gegarte Kichererbsen
1 EL Tahini
Saft von 1/2 Zitrone
2 Knoblauchzehen
1 Handvoll frisches Basilikum
70 g getrocknete Tomaten (nicht in Öl eingelegt)
4 EL Olivenöl
Salz

Zeit: 10 Min.

Pro Portion ca. 196 kcal/ 818 kJ, F 14 g, E 4 g, KH 9 g

ZUBEREITUNG:

Die Oliven entsteinen. Alle Zutaten und etwas Wasser zum Verdünnen in einen Mixer geben und glatt pürieren. Mit Salz abschmecken.

Tipp: Macht sich toll als Brotaufstrich, zu Sandwiches oder als Dip für Gemüsesticks. Ein echtes Party-Must-have!

Ich bin wach, mehr möchte ich zu meinem jetzigen Zustand nicht sagen.

BOHNEN-ARTISCHOCKEN SALAT

ZUTATEN:

Für 6–8 Portionen:
250 g weiße Bohnen
180 g Artischockenherzen
(in Wasser eingelegt)
1 Handvoll frisches Basilikum
1 Knoblauchzehe
6 Kirschtomaten
Saft von 1/2 Zitrone
1 EL Olivenöl
Meersalz

Zeit: 15 Min.

Pro Portion ca. 74 kcal/308 kJ,
F 3 g, E 4 g, KH 7 g

ZUBEREITUNG:

Die Bohnen abtropfen, kurz mit Wasser abbrausen und in einer Schüssel grob mit einer Gabel zerdrücken. Die Artischocken-herzen in mundgerechte Stücke schneiden und zu den zerdrückten Bohnen geben.

Das Basilikum waschen, trocken schütteln, mit den Fingern grob zerkleinern und dazugeben. Den Knoblauch schälen, pressen und zum Salat geben.

Die Kirschtomaten waschen, put-zen, vierteln und unter die Masse heben.

Mit Zitronensaft, Olivenöl und etwas Salz abschmecken.

Tipp: In einem luftdichten Behäl-ter hält sich der Salat einige Tage im Kühlschrank.

BLT SANDWICH

ZUTATEN :

Für 4 Portionen:
1 Portobello-Pilz
3 TL Ahornsirup
einige Tropfen Liquid Smoke
5 TL Sojasoße
Salz
Pfeffer
1 Fleischtomate
4 Salatblätter
8 Scheiben Toast
4 TL vegane Mayonnaise

Außerdem:
etwas Kokosöl zum Braten

Zeit: 20 Min + über Nacht
marinieren.

Pro Portion ca. 200 kcal/
836 kJ, F 7 g, E 6 g, KH 28 g

*Tipp: Auch wenn das B in BLT
für Bacon steht, ist der Portobello-Pilz mein perfekter Ba-
con-Ersatz. Liquid Smoke gibt
es in gut sortierten Bioläden
oder natürlich online.*

ZUBEREITUNG:

Den Portobello säubern, putzen
und in dünne Scheiben schneiden.
Ahornsirup, Liquid Smoke und
Sojasoße vermengen und mit Salz
und Pfeffer abschmecken. Die
Marinade in einen Gefrierbeutel
geben, die Pilzscheiben hinzufügen. Am besten die Portobello-
Scheiben über Nacht im Kühlschrank marinieren.

Die Pilzscheiben abtropfen lassen
und in einer heißen Pfanne mit
etwas Kokosöl von beiden Seiten
kross braten.

Die Fleischtomate waschen,
putzen und in Scheiben schneiden.
Die Salatblätter waschen und
trocken schütteln. Jeweils
2 Toastscheiben mit 1 TL Mayonnaise bestreichen und das Sandwich mit Portobello, einer
Scheibe Fleischtomate und
einem Salatblatt belegen.

Agathe Bauer – das ist eindeutig mein Lieblingsverhörer.

POWERSALAT

I got the power, denke ich jedes Mal in mich hineinlächelnd, wenn ich diesen Salat esse.

Denn dieser Salat hat seinen Namen nicht umsonst: In ihm ist alles drin, was du brauchst, um einen langen Arbeitstag zu überstehen. Er gibt dir viel Kraft und ist außerdem supergesund. Der Powersalat ist auch als Stärkung nach dem Training geeignet, da die Bohnen und die Chia-Samen das nötige Eiweiß liefern.

Diesen Salat habe ich das erste Mal in einem Restaurant gegessen – und mit allen Sinnen genossen. Er ist der Beweis dafür, dass Power Food auch gleichzeitig Soul Food sein kann. Yummy! Seit unserem ersten Kennenlernen habe ich diesen Salat schon ganz häufig zu Hause zubereitet. Er ist einfach zu lecker ...

ZUTATEN :

Für 4 Portionen:
Für den Salat:
1 rote Paprika
410 g Kidneybohnen
1 Avocado
3 Frühlingszwiebeln
125 g Mais
2 EL frisch gehackter
Koriander

Für das Dressing:
2 EL Essig
1 TL Senf
2 EL Chia-Samen
4 EL Olivenöl
etwas Ahornsirup
Salz & Pfeffer

Zeit: 10 Min.

Pro Portion ca. 421 kcal/
1.761 kJ, F 26 g, E 13 g, KH 24 g

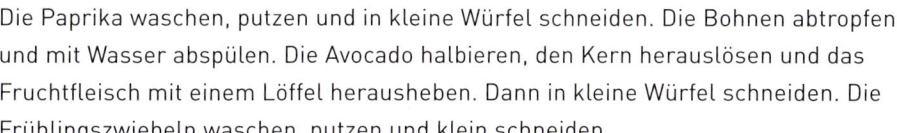

ZUBEREITUNG:

Die Paprika waschen, putzen und in kleine Würfel schneiden. Die Bohnen abtropfen und mit Wasser abspülen. Die Avocado halbieren, den Kern herauslösen und das Fruchtfleisch mit einem Löffel herausheben. Dann in kleine Würfel schneiden. Die Frühlingszwiebeln waschen, putzen und klein schneiden.

Schneidet so fein oder grob, wie ihr möchtet. Ich mag ein Mittelding, etwas Biss, aber nicht zu grob. Alles mit den Kidneybohnen und dem Mais vermischen und beiseitestellen.

Für das Dressing Essig, Senf, Chia-Samen und Olivenöl mischen und mit Ahornsirup, Salz und Pfeffer abschmecken. Das Dressing über den Salat geben und den gehackten Koriander untermischen.

Tipp: Mit etwas Blattsalat in einem Glas geschichtet lässt sich der Salat super mitnehmen und in der Mittagspause verspeisen. Dazu das Dressing zuerst reingeben, dann die restlichen Zutaten daraufschichten. Wichtig: Vor dem Essen schütteln, aufschrauben und genießen.

My english is not the yellow from the egg, but it goes.

ASIATISCHER GURKENSALAT

Gurken sind einfach eine tolle Gemüseart: Sie schmecken wunderbar leicht und erfrischend.

Und erst die superleckeren Köstlichkeiten, die man aus ihnen zaubern kann. Allen voran: Gurkensalat. Die Spannbreite an unterschiedlichen Gurkensalaten ist wahnsinnig groß. Einer meiner Favoriten ist eine ganz ausgefallene Art des Gurkensalats – und zwar in einer asiatischen Variante.

Einen besonderen Kick bekommt dieser Salat durch Edameme. Dieser japanische Begriff bedeutet »Bohne am Zweig«. Unter Edameme versteht man zum einen unreif geerntete Sojabohnen, zum anderen aber auch eine daraus zubereitete Speise. Die kleinen grünen Bohnen haben einen nussigen Geschmack und lassen sich auf vielfältige Weise zubereiten und verwenden.

Mein asiatischer Gurkensalat passt besonders gut zu Frittiertem oder auch zu scharfen Gerichten.

ZUTATEN :

Für 4 Portionen:
Für den Salat:
1 große Karotte
1 Nori-Blatt
2 große Salatgurken
1 TL weißer Sesam
1 TL schwarzer Sesam
200 g TK-Edamame

Für das Dressing:
1 TL helle Miso-Paste
2 TL Reisessig
1 TL frisch geriebener Ingwer
2 TL Zucker
Saft von 1/2 Limette
1 TL Sojasoße
Pfeffer

Zeit: 20 Min.

ZUBEREITUNG:

Für den Salat die Karotte schälen und putzen. Dann das Nori-Blatt und die Karotte in feine Streifen schneiden. Die Salatgurken waschen, putzen, schälen und mit einem Sparschäler bis zum Kerngehäuse, das nicht benötigt wird, abschälen.

Den Sesam in einer Pfanne rösten. Die TK-Edamame kurz blanchieren und aus der Hülle lösen.

Alle Zutaten außer den Nori-Blatt-Streifen und dem Sesam in einer Schüssel vermengen.

Für das Dressing die Miso-Paste in etwas warmem Wasser auflösen, dann mit den restlichen Zutaten verrühren. Das Dressing über den Salat geben, gut durchmischen und mit den Nori-Blatt-Streifen und dem Sesam bestreuen.

Tipp: Nori-Blätter findet man in gut sortierten Supermärkten häufig in der Sushi-Abteilung.

GESAMT ca. 622 kcal/2.604 kJ, F 23 g, E 40 g, KH 60 g

Was ist euer liebster Bollywood-Film?

BOMBAY KARTOFFELN

Die indische Antwort auf die in Deutschland beliebten Bratkartoffeln heißt: Bombay-Kartoffeln.

Diese Beilage ist der absolute Hit. Die Rezeptur vereinigt unterschiedliche indische Familienrezepte perfekt: Scheinbar ist das Beste aus jedem Rezept, das dabei eingeflossen ist, herausgekitzelt worden. Der Duft dieser Kartoffeln ist atemberaubend. Die Gewürze, die in der Gewürzmischung Garam Masala enthalten sind, verströmen ihre Aromen in der gesamten Küche – durchdringen dann die ganze Wohnung. Himmlisch! Und noch dazu der Geschmack: Die Kartoffeln sind superknusprig und würzig. So erlebt die Zunge eine wahre Aromenexplosion.

Ein ideales Gericht, um Kartoffelreste zu verwerten: Wenn die Kartoffeln schon gegart sind, ist noch schneller Genuss ansagt. Da kann ja wohl keiner was dagegen haben.

Bombay-Kartoffeln passen eindeutig nicht nur zu indischen Gerichten. Absolut empfehlenswert!

ZUTATEN :

Für 4 Portionen:
8–10 mittelgroße mehlig kochende Kartoffeln
1 TL Salz
1 TL Kurkuma
1 große Zwiebel
2 TL Garam Masala
3 EL Rapsöl

Außerdem:
Backpapier
1 Backblech
etwas frischer Koriander zum Bestreuen

Zeit: 45 Min.

Pro Portion ca. 107 kcal/449 kJ, F 8 g, E 2 g, KH 8 g

ZUBEREITUNG:

Den Ofen auf 200 °C Ober-/Unterhitze vorheizen.

Die Kartoffeln waschen, schälen und grob würfeln. Einen Topf mit Wasser aufstellen und die Kartoffelstücke hineingeben. Mit Salz und Kurkuma würzen, aufkochen lassen und ca. 5 Minuten leicht köcheln, dann abgießen.

Die Zwiebel schälen und grob würfeln, zu den Kartoffeln geben und alles gut mit dem Garam Masala und dem Rapsöl mischen. Auf einem mit Backpapier ausgelegten Backblech verteilen und ca. 30 Minuten im vorgeheizten Backofen knusprig garen. Mit frischem Koriander bestreut servieren.

Tipp: Bombay-Kartoffeln schmecken auch toll mit einem Kräuterquark oder in Wraps!

DIE BESTEN
OFENPOMMES

ZUTATEN :

Für 4 Portionen:
10 mehlig kochende Kartoffeln
2 TL edelsüßes Paprikapulver
2 TL Knoblauchpulver
1 TL Cumin
1 TL Thymian
1/2 TL Salz
Pfeffer

Außerdem:
Backpapier
1 Backblech

Zeit: 30–40 Min.

Pro Portion ca. 190 kcal/
796 kJ, F 1 g, E 4 g, KH 38 g

ZUBEREITUNG:

Den Ofen auf 200 °C Ober-/Unter-
hitze vorheizen.

Die Kartoffeln waschen, schälen
und in Stifte schneiden. In einen
Topf mit Wasser geben und aufkochen lassen, jetzt noch eine Minute
weiterkochen lassen und dann
abgießen.

In einer großen Schüssel die Pommes mit den Gewürzen vermischen
und auf das mit Backpapier ausgelegte Backblech geben. Darauf
achten, dass die Pommes nicht
übereinander liegen.

Im vorgeheizten Backofen 15–20
Minuten unter einmaligem Wenden
knusprig garen.

*Tipp: Meine Pickled Mayo schmeckt
ganz toll dazu.*

FENCHELSALAT

ZUTATEN :

Für 4 Portionen:
Für den Salat:
2 Knollen Fenchel
1 Orange

Für das Dressing:
Saft von 1/2 Orange
1 EL Essig
4 EL Olivenöl
1 TL Senf
Salz & Pfeffer

Außerdem:
1 Schraubglas mit Deckel
2 EL grob gehackte Walnüsse
zum Bestreuen

Zeit: 15 Min.

Pro Portion ca. 207 kcal/
868 kJ, F 18 g, E 2 g, KH 8 g

Tipp: Dieser Salat ist auch eine tolle Beilage beispielsweise zu meinen geliebten Haferbratlingen.

ZUBEREITUNG:

Für den Salat den Fenchel waschen, putzen, fein hobeln und das Fenchelgrün fein hacken. Die Orange waschen und filetieren: Dafür die Schale mit einem Messer abschneiden und die Filets mit 2 Messerschnitten rechts und links herauslösen.

Für das Dressing den Saft der halben Orange mit Essig, Öl, Senf, Salz und Pfeffer
mischen. Am schnellsten geht das, wenn man alle Zutaten in ein Schraubglas gibt,
den Deckel verschraubt und das Glas gut schüttelt.

Fenchel, Fenchelgrün und Orangenfilets mit dem Dressing mischen und mit den grob gehackten Walnüssen bestreuen.

GRÜNES AUS DEM WOK

ZUTATEN:

Für 4 Portionen:
5 Knoblauchzehen
400 g grüner Spargel
1 Brokkoli
4 Pak Choi
1 EL Pflanzenöl
4 EL Sojasoße
Salz & Pfeffer
1 EL Maisstärke

Außerdem:
1 Wok
1 Sieb
1/2 TL Sesamöl zum Würzen
etwas schwarzer Sesam
zum Bestreuen

Zeit: 15 Min.

Pro Portion ca. 117 kcal/
488 kJ, F 5 g, E 8 g, KH 10 g

*Tipp: Wenn ihr Broccolini
findet, dann unbedingt dieses
Rezept damit ausprobieren.*

Mit Sesamöl würzen und mit
schwarzem Sesam bestreut
servieren.

ZUBEREITUNG:

Den Knoblauch schälen und in
Scheiben schneiden. Den Spargel waschen, putzen, im unteren
Drittel schälen und in mundgerechte
Stücke schneiden. Den Brokkoli und
den Pak Choi ebenfalls waschen,
putzen und klein schneiden.

Einen Wok zur Hälfte mit Wasser
füllen und dieses zum Kochen bringen. Das Gemüse hineingeben und
blanchieren. Anschließend in ein
Sieb geben und abtropfen lassen.

Das Wasser aus dem Wok schütten
und den Wok gut trocknen. Das
Pflanzenöl erhitzen und den Knoblauch für einige Sekunden anbraten.
Dabei schön schwenken, damit
nichts anbrennt. Das Gemüse in den
Wok geben und für eine Minute mit
dem Knoblauch braten. Die Sojasoße
und 2 EL Wasser dazugeben und mit
Salz und Pfeffer würzen.
In einem kleinen Schälchen etwas
Wasser mit der Maisstärke anrühren. Die Stärkemischung in das Gemüse rühren. Alles kurz aufkochen,
bis die Soße andickt. Dann von der
Kochstelle nehmen.

KNABBERZEUG

ZUTATEN :

Für 4–6 Portionen:
300 g Nüsse nach Wahl
(Cashews, Erdnüsse, Mandeln,
Pekannüsse etc.)
100 g Kerne oder Samen nach
Wahl (Kürbiskerne, Sonnenblumenkerne etc.)
2 EL Olivenöl
3 EL Ahornsirup
1/4 TL Cayennepfeffer
1 TL frischer, fein gehackter
Thymian
1 TL frischer, fein gehackter
Rosmarin
1 TL Salz
1/2 TL Zimt
1/2 geräuchertes Paprikapulver

Außerdem:
Backpapier
1 Backblech

Zeit: 25 Min.

Pro Portion ca. 712 kcal/
2.981 kJ, F 55 g, E 30 g,
KH 19 g

ZUBEREITUNG:

Den Ofen auf 160 °C Ober-/Unter-
hitze vorheizen.

Alle Zutaten gut in einer Schüssel vermischen und auf das mit
Backpapier ausgelegte Backblech
geben. Gut verteilen, damit nichts
übereinander liegt. Im vorgeheizten Backofen ca. 20 Minuten
knusprig rösten. Ab und zu wenden und aufpassen, dass nichts
verbrennt.

*Tipp: Bei diesem Rezept kann
man einmal durchs gesamte Ge-
würzregal wandern
und erfindet so immer wieder
neue Kreationen. Ob asiatisch
mit etwas Curry und Kurkuma
oder süß mit Vanille und Zimt –
hier kann man wirklich kreativ
werden.*

Ich habe meine Ernährung umgestellt. Die Leckerlis stehen jetzt rechts vom Kratzbaum.

Knusperkringel

Ich finde, es gibt immer was zu feiern! Meint ihr nicht auch?

Da ich Essen in allen Formen und Farben liebe, gehören für mich zu einem wirklich gelungenen Fest Leckereien und Naschereien genauso dazu wie eine coole Location, gute Mukke, erfrischende Drinks, die weltbesten Gäste – und natürlich ausgelassene Partystimmung.

Eine der nackten Partywahrheiten lautet eindeutig: In der Küche ist es am schönsten: Das ist mein Lieblingsphänomen, wenn zu Hause gefeiert wird. Direkt an der Getränke- und Essensquelle treffen sich eindeutig die nettesten Leute – dort ist es am coolsten. Das scheint ein ungeschriebenes Gesetz zu sein. Ist euch das auch schon aufgefallen? Meine Knusperkringel sind das perfekte Fingerfood für jede Party. Die dürfen einfach auf keiner Party fehlen. Aber Achtung: Es besteht akute Gefahr, süchtig nach ihnen zu werden. So knusprig und lecker sind sie.

ZUTATEN:

Für 30 Stück:
1 Blätterteigrolle (ca. 250 g, Kühlregal)
2 EL Senf
2 EL Hefeflocken
1 EL Sesam

Außerdem:
Backpapier
1 Backblech

Zeit: 20 Min.

Pro Stück ca. 36 kcal/
150 kJ, F 2 g, E 1 g, KH 3 g

ZUBEREITUNG:

Den Ofen auf 200 °C Ober-/Unterhitze vorheizen.

Den Blätterteig ausrollen, mit Senf bestreichen und mit den Hefeflocken und dem Sesam bestreuen. Von beiden Seiten längs zur Mitte aufrollen, bis sich die Rollen berühren. Mit einem scharfen Messer 30, ca. 1 cm dicke, Scheiben schneiden.

Die Kringel auf das mit Backpapier ausgelegte Backblech legen und im vorgeheizten Backofen 10 Minuten knusprig backen.

Tipp: Frische Kräuter in der Füllung sorgen für mehr Abwechslung. Reicht diese Knusperkringel auch einfach mal zur Suppe – so erreicht ihr einen crunchy Gegenpol zur cremigen Köstlichkeit.

Oh, oh, hab ich Gäste gehört?!

Yeah! Heute Abend ist Spontan-Party bei mir angesagt. Der Anlass? Unwichtig! Die Gäste? Wichtig!

Echte Freunde bedeuten mir einfach alles: Wir unterstützen uns gegenseitig in allen Lebenssituationen, können uns immer, aber auch wirklich immer aufeinander verlassen – und haben natürlich viel Spaß, wenn wir zusammen sind. Ein wahrer Freund ist jemand, der alles über mich weiß, aber nie das Falsche über mich sagt. Und das gilt selbstredend auch umgekehrt. Zum Thema Freundschaft habe ich mal einen sehr coolen Spruch gelesen: »Freunde sind die Menschen, die deine Vergangenheit akzeptieren, dich in der Gegenwart mögen und in der Zukunft zu dir stehen.« Ich finde, das trifft es sehr gut.

Aaaah! Die Gäste kommen gleich! Wenn ich nur noch wenig Zeit habe, bis meine Gäste eintrudeln, mache ich sehr gerne diese Zucchini-Tarte. Sie ist perfekt, denn sie ist in wenigen Arbeitsschritten gemacht. Wirklich wahr: Bisher hat sie jedem geschmeckt, der sie probiert hat.

ZUTATEN :

Für 12 Stück:
1 Blätterteigrolle (ca. 270 g, Kühlregal)
4 EL Kalamata-Tomaten-Hummus (siehe Rezept auf S. 137)
2 kleine Zucchini
Salz & Pfeffer
1 EL Mandelsplitter
1 TL frischer Thymian
etwas Olivenöl

Außerdem:
Backpapier
1 Backblech

Zeit: ca. 20 Min.

Pro Stück ca. 99 kcal/414 kJ,
F 6 g, E 2 g, KH 9 g

ZUBEREITUNG:

Den Ofen auf 200 °C Ober-/Unterhitze vorheizen.

Den Blätterteig auf dem mit Backpapier ausgelegten Backblech ausrollen und mit dem Kalamata-Tomaten-Humus bestreichen. Die Zucchini waschen, putzen, in dünne Scheiben schneiden und den Blätterteig damit belegen.

Mit Salz und Pfeffer würzen. Mit Mandeln und frischem Thymian bestreuen, etwas Olivenöl darüberträufeln und im vorgeheizten Backofen ca. 15 Minuten goldbraun backen.

Tipp: Für die ganz schnelle Nummer kann man die Tarte auch mit etwas Pesto bestreichen. Probiert auch mal die Variante mit Pinienkernen oder Cocktailtomaten!

GLOSSAR :

Wenn ihr euch erst seit kurzer Zeit für die vegetarische Küche interessiert, braucht ihr keine Angst zu haben:
Ihr müsst keine Profis sein, um meine Rezepte nachkochen zu können. Ich bin ja selbst keiner :-) Solange ihr Freude am Kochen und Lust auf Neues habt, seid ihr bestens gewappnet.

Manchmal muss man schon kreativ sein, wenn es veggie oder vegan pur sein soll. Aber glücklicherweise gibt es viele pflanzliche Zutaten, die tolle Ersatzstoffe darstellen. Außerdem helfen Tricks und Hacks, das rein pflanzliche Koch-leben zu erleichtern.

Hier findet ihr die wichtigsten Zutaten und Tools für die Rezepte in diesem Kochbuch. Nicht fehlen darf natürlich eine Auswahl meiner Lieblingszutaten der letzten Jahre, mit denen ihr eure Gerichte pimpen könnt.

So kommt Schwung in die Küche ... yummy!

Ahornsirup	Meine liebste Alternative zu raffiniertem Zucker. Durch seine Konsistenz eignet er sich super, um auch Flüssigkeiten zu süßen.
Aquafaba	Bezeichnet wird mit diesem Begriff das Einweich- oder Kochwasser von Kichererbsen, Bohnen oder anderen Hülsenfrüchten. Diese Flüssigkeit ist ein toller Eischnee-Ersatz.
Broccolini	Sehr vielseitiges Gemüse, das geschmacklich an Spargel und Brokkoli erinnert und daher auch Spargelbrokkoli genannt wird.
Cashewkerne	Über Nacht in Wasser im Kühlschrank eingeweicht kann man sie ganz cremig pürieren. Eine tolle Basis und eine gute Alternative zu Sahne, die sich gut für Süßspeisen, Cremes und herzhafte Soßen eignet. Mein Tipp: Wer sofort eingeweichte Cashews benötigt, kann sie für 10 Minuten in Wasser kochen.
Chayote	Subtropische bzw. tropische Gemüsepflanze aus der Familie der Kürbisgewächse, deren Früchte ausgewachsen meist faustgroß sind und süßlich schmecken.
Chia-Samen	Samen der hauptsächlich in Mexiko und Zentralamerika beheimateten Chia-Pflanze, einer Verwandten des Salbeis. Die unscheinbaren Körner gelten als Energiespender mit Mehrwert, da sie nicht nur die Leistung steigern, sondern ihnen zudem eine heilende Wirkung zugeschrieben wird.
Cumin	Cumin, oder auch Kreuzkümmel genannt, gehört definitiv zu meinen liebsten Gewürzen. Es verleiht Speisen einen typisch orientalischen Touch.
Edameme	Grünliche Schoten, deren japanischer Name »Bohnen am Zweig« bedeutet. Die unreif

geernteten Sojabohnen haben einen unverwechselbaren Geschmack zwischen süßlich-nussig und salzig.

Garam Masala
Eine aus der indischen Küche stammende Mischung aus meist gemahlenen Gewürzen, der eine große Rolle bei der Zubereitung von Currys zukommt.

Geräuchertes Paprika-pulver
Neben Paprika »edelsüß« und »scharf« gibt es auch geräuchertes Paprikapulver, das besonders aromatisch ist. Der rauchige Geschmack eignet sich toll zum Grillen und Würzen.

Granola
Auch als Knuspermüsli bezeichnete Müslisorte, die für gewöhnlich aus Haferflocken, die mit Honig überbacken werden, besteht.

Hefeflocken (Nährhefe)
In der veganen Küche sind sie sehr beliebt, denn sie sorgen für einen käsigen Geschmack und eine cremigere Konsistenz.

Hochleistungsmixer
Das wohl wichtigste Gerät für viele Rezepte in diesem Buch ist ein guter Hochleistungsmixer. Es muss nicht gleich der teuerste sein – ich habe selbst auch keine Premium-Edition. Aber er muss schon Power haben! Erst dann gelingen die feinsten Cremes und Pürees.

Kakaonibs
Raw Food at its best! Kakaonibs sind Stücke von geschälten Kakaobohnen, die bei niedriger Temperatur getrocknet werden. Herrlich süß, schokoladig und dabei gesund, vegan und zuckerfrei!

Kardamomkapseln
Kardamom gehört zu den wertvollsten Gewürzen. Aufgrund seines flüchtigen Aromas am besten als Kapseln und nicht als Pulver verwenden.

Kokosöl
Das Allround-Talent! Ob als Frosting, in Kuchen oder zum Braten. Kokosöl verleiht Speisen ein wunderbares Aroma, ist sehr hitzebeständig und auch noch gesund.

Kurkuma
Kurkuma, oder auch Gelbwurz genannt, färbt Speisen nicht nur kostengünstiger als Safran ein, sondern ist auch supergesund und fördert die Verdauung.

Leinsamen-Ei
Leinsamen oder auch Chia-Samen sind ein guter veganer Eier-Ersatz. Dafür einfach 1 EL geschrotete Leinsamen mit 3 EL Wasser mischen und für ca. 15 Minuten in den Kühlschrank stellen. Die Samen nehmen die gesamte Flüssigkeit auf und sind ein natürliches Bindemittel beispielsweise für Kuchen.

Liquid Smoke
Das flüssige Raucharoma – perfekt für eine rauchige Note bei Speisen.

Mandelmus	Ein Mus aus Mandeln kann auch selbst hergestellt werden. Die Mandeln können gegen jede beliebige Nussart ausgetauscht werden.
Medjool-Datteln	Diese Dattelsorte ist sehr groß und hat eine runzelige Haut. Das Fruchtfleisch ist sehr zart und cremig-süß, fast wie Honig oder Karamell. Zu Hause lagert man die Datteln am besten im Kühlschrank.
Mie-Nudeln	Die langen asiatischen Weizennudeln werden meist als Knäuel verkauft, das sich beim Kochen auflöst.
Miso-Paste	Diese würzige Paste aus der japanischen Küche wird zum Großteil aus Sojabohnen hergestellt.
Muscovado-Zucker	Eine sehr dunkle, naturbelassene Zuckersorte, die aufgrund ihres Melasseanteils etwas klumpig und feucht ist. Geschmacklich hat sie leichte Karamell- und Lakritznoten.
Nori-Blatt	Blatt aus essbaren Meeresalgen, das vor allem zum Einwickeln von Sushi genutzt wird.
Pak Choi	Dabei handelt es sich um eine milde Kohlart aus Asien, ein naher Verwandter des Chinakohls.
Panko-Mehl	Ein aus der japanischen Küche stammendes Paniermehl, das aus Brotkrumen hergestellt wird. Mit Panko Paniertes und wird frittiert supercrunchy.
Pflanzenmilch	Milch aus Soja, Hafer, Reis, Dinkel oder Mandeln. Zum Backen eignet sich Sojamilch am besten. Mit einem Schuss Essig erhält man eine Buttermilch-ähnliche Konsistenz, die Gebäck besonders fluffig macht.
Portobello-Pilze	Portobello-Pilze sind Riesenchampignons, die aufgrund ihrer Größe besonders fleischig sind. Sie lassen sich super grillen, panieren und als Burgerpatty verwenden.
Quinoa	Das sogenannte Gold der Inkas gilt heute als Superfood und kann in jedem Supermarkt gekauft werden. Es ist wunderbar vielfältig, basisch, sehr nährstoff- und proteinreich. Protein! Ein Wort, bei dem Veggies genau hinhören :) Vor der Zubereitung gründlich waschen, denn so ist Quinoa weniger bitter.
Reis-Vermicelli	Sehr dünne asiatische Nudeln, die ungekocht an Glasnudeln erinnern. Im gekochten Zustand sind sie jedoch weiß bis cremefarbig, während gekochte Glasnudeln durchsichtig sind.

Seidentofu	Dieser Tofu wird bei der Herstellung nicht abgetropft und hat einen hohen Feuchtigkeitsgehalt. Von der Konsistenz erinnert er an Pudding. Daher verleiht er Süßspeisen eine schöne Cremigkeit. Man findet ihn mittlerweile auch in gut sortierten Supermärkten.
Sesamöl	Sesamöl besteht zu 100 % aus Sesamsamen und hat einen leicht nussigen Geschmack. In der asiatischen Küche wird es besonders häufig eingesetzt und gibt Gerichten erst den typischen Geschmack. Achtung: Es sollte sehr sparsam dosiert werden!
Shiitake-Pilze	Diese »Könige der Heilpilze« sind beliebte asiatische Speise- und Vitalpilze.
Sojajoghurt	Dieses Nahrungsmittel aus Sojamilch kommt mit Blick auf seine Eigenschaften ungesüßtem Joghurt nahe.
Tahini	Auch Tahina oder Tahin genannt ist eine Paste aus fein gemahlenen Sesamkörnern, die in der arabischen Küche gerne verwandt wird.
Tapioka-Perlen	Kleine Kugeln aus fast geschmacksneutraler, pflanzlicher Speisestärke, die aus Maniokwurzeln gewonnen wird. Diese enthält keine Allergene und ist glutenfrei. Daher ist Tapioka sehr gut verträglich.
Tofu	Es gibt viele Menschen, die ihn nicht sonderlich mögen. Unbehandelt schmeckt er nämlich eher fad – das gebe ich zu. Hier heißt es: gewusst, wie! Wenn man ihn knusprig paniert und noch dazu vorher mariniert, kann man mit seiner fleischigen Konsistenz interessante Gerichte zaubern. Mein Tipp: Unbedingt den frischen Tofu im Asialaden kaufen, denn der ist um Welten besser als die abgepackten Tofusorten im Supermarkt.
Ube Yam	Ube ist eine Yam, also eine tropische Wurzelpflanze, die außen gräulich, fast wie eine Kartoffel aussieht, und innen ganz herrlich lila leuchtet. Ein wahrer Augenschmaus.
Vanilleextrakt	Diese konzentrierte Flüssigkeit wird aus Vanilleschoten gewonnen. Man kann das Extrakt selbst herstellen oder es in Rezepten gegen Bourbon-Vanillezucker oder eine ganze Vanilleschote austauschen.
Vegane Butter	Feste Margarine in Blockform
Wasabi-Paste	Paste aus grünem japanischen Meerrettich, die sich hervorragend zum Würzen eignet.
Yam	Dabei handelt es sich um ein vorwiegend in den Tropen vorkommendes Wurzelgewächs. Wichtig: Im rohen Zustand sind fast alle Yam-Arten giftig – daher müssen sie immer gut erhitzt und richtig verarbeitet werden.

DANKE ...

... möchte ich allen sagen, die immer an mich geglaubt haben. Und noch ein größerer Dank geht an diejenigen, die nie an mich geglaubt haben und immer meinten, dass ich es nie zu etwas bringen würde. Alle waren eine große Motivation für mich, niemals aufzugeben!

Danke an Studio 71, insbesondere an Anne, die mir immer mit Rat und Tat beiseitestand und immer noch steht – und mich versteht.

Vielen Dank an den Verlag für die Verwirklichung, den Lektorinnen und an alle anderen, die mit an diesem Buch gearbeitet haben. Danke an Yasmin, die meine Vision umsetzte: speziell für ihre Geduld mit mir.

Jenny, danke, dass du immer an mich glaubst und mich anfeuerst! Du bist eine echte Freundin. Uns verbindet definitiv auch das Essen. Es ist immer wieder schön, mit dir gemeinsam zu kochen und zu schlemmen. Du bist die wahre Erfinderin des Weihnachtsmarkts zu Hause ;)

Und natürlich möchte ich mich bei meinen Eltern, Harald und Venus – und meinem Freund Souheil – bedanken. Danke für eure Unterstützung, Inspiration und Liebe. Es ist nicht immer leicht mit mir. Danke!

Last but not least ein dickes Dankeschön an meine treue Community, meine Zuschauer und Leser! Ihr seid mein Ansporn und meine Inspiration, meiner Leidenschaft für gutes Essen viel Raum zu schenken und immer wieder kulinarische Köstlichkeiten auszuprobieren. Dieses Buch ist für euch!

IMPRESSUM:

© 2017 Community Editions GmbH
Reinoldstraße 6
50676 Köln

Texte und Rezeptfotos: Funnypilgrim
Layout & Design: BUCH & DESIGN Vanessa Weuffel
Satz: BUCH & DESIGN Vanessa Weuffel
Lektorat: All you can read – Kreativ-Agentur Anke Hennek
Projektleitung: Yasmin Reddig
Redaktion: Denise Nonnast

Abbildungen: © Roman Knie: Cover, Seiten 2, 4, 10, 32 o.l., 34, 52, 80, 122, 134, 158.
© Funnypilgrim: Alle Rezeptfotos
© Souheil El Ghoudani: Seiten 48, 49, 66, 67, 108, 109
© Harald D.: Seite 32, ausgenommen o.l.

Gesamtherstellung: Community Editions GmbH

ISBN 978-3-96096-016-4

Printed in Poland

www.community-editions.de